「発達支援」基本のき

ともに育つ、みんなで育てる

社会福祉法人
清隆厚生会 理事長
坂﨑隆浩

はじめに　本当に困っているのは「困っている子ども」自身

「多様な人」を受け入れる体験の重要性

２０２３年４月「こども家庭庁」が創設されました。こども基本法の制定や幼保連携型認定こども園・幼稚園・保育所（以下、保育施設）と小学校の架け橋プログラム作成など、子どもに係る法制度の整備や教育分野での施策が次々と進んでいます。また出産育児一時金の増額など現金給付の支援も増えました。これは、前例のない静かなる有事「少子化」によって起こる多くの社会的・経済的な問題が、今まさに顕在化したということです。

そうした情勢の中、２０２２年、国連は日本のインクルーシブ教育について勧告を行いました。すべての子どもが同じ空間で暮らし、平等に教育を受けることは当たり前のことです。その中でも幼児期に、多様な背景をもつ子どもたちが一緒の空間で過ごし育つこと、それが普通であるということがとても大切です。幼児期に様々な体験を積み重ねることは、子どもの育ちにおいて基本中の基本であり、その積み重ねの中に「多様な人」を受け入れるのを当然のことにしていくこと、「多様なこと」そのものを体験にしていくことがもっとも重要だと思います。多様性の基本は受容ではなく、多様であることを平素に、普通の世界にしていくことではないでしょうか。これらは健常児におけるエンパシーを高めることにもなります。これは「虐待」や「いじ

め」をなくしていくためにも、極めて有意義です。ちなみにシンパシー（sympathy）は自然にわき出る感情（＝共感）ですが、エンパシー（empathy）は意識して獲得する能力です。共感できない相手に対しても、その感情や価値観を理解しようと努力し、「多様な人」として受け入れることができる能力のことです。

保育の現場で障害等で「困っている子」は確実に増えています。保育現場は困っています。でも、さらに困っているのは保護者であり、何よりも困っているのは「困っている子」自身です。このことを基本に、真摯に向き合う対応を考えていきましょう。そのための課題を3点、あげておきます。

研修の確保と人員の確保

1点目は、保育者の学びや研修と人員確保の問題です。

保育施設や保育者は、子どもの発達や乳幼児期教育の支援については十分に勉強していると思います。しかし、障害のある子に対する理解とその支援の方法については十分とはいえないところがあります。

多くの保育者が学ぶ短大や専門学校において、障害児保育や子育て支援の単位はありますが、その時間は少なく、知識不足というよりは、そのような子どもと向き合う時間が足りないのです。さらに保育現場において、臨床心理士などの専門職の方から指導を受ける機会も十分とはいえません。また、保育士の定数改善は重要ですが、10人にひとり程度、クラスに障害がある子どもがいた場合、担任ひとりで保育を行うことは不可能です。「困っている子」がいると、その子だけではなくほかの子も含めて「一人ひとりの子」に対する配慮の度

合いが高くなり、多くの保育施設ではクラス運営が困難となります。定数改善に加え、障害児への対応として保育支援者の配置と全体の管理ができるスーパーバイザー的な保育士の配置が必要ではないでしょうか。

このように、保育者全員が障害に関する最低限の知識と共通の理解を得るための仕組みや研修が必要です。また、具体的な支援の体制とともに、支援する気持ちが実際の支援の形にきちんとつながることが重要なのです。こども家庭庁が掲げる「こどもまんなか社会」を目指すなら、家庭に対する胎児期からの発達支援も含めて、社会の責務として進めてもらいたいと思います。

保育施設と児童発達支援事業所の連携

2点目は、保育施設や児童発達支援事業所間の連携の問題です。「困っている子」は、保育施設と事業所に通っている場合が多いと思われます。同じ子どもが通っている保育施設と事業所は密な連携や協力をするのが当然だと思いますがなかなか進んでいません。保育施設とその保育者は事業所で行われている「療育」やその仕組みについて知らないことが多く、一方、事業所職員が保育施設に出向く機会も多くありません。さらに、児童発達支援事業のガイドラインの基となるべきは、「幼保連携型認定こども園教育・保育要領」「幼稚園教育要領」「保育所保育指針」（以下、要領・指針）ですが、それを理解している事業所は少ないのではないでしょうか。何よりも保育施設・事業所とも多忙で、連携や話し合いの時間を取ることさえ厳しいのが現実です。

それでも、お互いの理解と接続は何としても進めていくべきです。文部科学省で5歳児と小学校1年生をスムーズに接続するための「架け橋プログラム」が進んでいますが、保育施設と事業所との接続連携も進めなくてはなりません。お互いが知らないことを当然だと思ってはいけません。その壁を壊していく必要があります。

財源の問題

3点目は、財源的な問題です。障害児支援の公費は一般財源（地方財政措置）です。地域によって格差が出ることも含めて今後アキレス腱になり得ます。このひずみを正し、障害児のための安定した財源を確保するために、新たな仕組みを創設するのが望ましいでしょう。

このように課題はありますが、最初に述べたように明るい材料もあります。障害、性、国籍、貧困などの理由で社会から阻害されてきた人たちを含めた、あらゆる人たちの存在が尊重される社会＝包摂社会が、日本でも求められています。次元の違う少子化対策・子ども支援も検討されています。こども家庭庁創設のきっかけは、虐待やいじめ、貧困など「困っている子、若者」問題が中心にありました。インクルーシブ教育にも焦点があたっていくでしょう。子どもにも、親にも、そして保育者にもやさしい社会や仕組みを心から望みます。最後に、この本の内容は章によっては難しいところもあります。それでも、様々な立場の人たちが、やさしい気持ちで子どもの育ちをサポートできるよう配慮したつもりです。皆さんの保育業務や子育てに少しでもお役に立てれば、保育者として幸いです。

目次

2 はじめに〜本当に困っているのは「困っている子ども」自身

9 第1章 「発達」と「発達障害」について理解しよう

13 「発達支援」を知る5つのLESSON

14 01 赤ちゃんのコミュニケーション能力は胎児期から育まれる

15 【図解】胎児の成長と妊婦の変化

16 02 赤ちゃんや子どもにとって一番大切なのは「愛着」

19 【図解】0歳〜1歳。12か月のコミュニケーションの発達

20 03 5歳児が無理なく学校生活に移行できるために

21 【図解】幼児期の終わりまでに育ってほしい「10の姿」

22 04 発達と遅れの目安〜月齢に沿って確認しよう

23 【図解】発達障害の種類と特性

24 05 積極的な支援が必要な場合とグレーゾーン

26 【図解】自閉的＆ADHD傾向チェックシート

29 第2章 「発達支援」の全体像を把握しよう

33 「発達支援」を知る8つのLESSON

34 01 インクルーシブ教育・保育とは

36 02 障害を受容するということ

38 【図解】保護者が障害受容に至るプロセスを知る

40 03 保護者の受容を支えるために

41 【図解】受容を支える保育者のサポート

42 04 子どもの「困った」をサポートする

43 【図解】こだわり・衝動・過敏・多動

44 05 困ったときの相談先と療育施設

46 06 就学支援は就学手続きと親子関係見直しの両輪で

47 【図解】知っておきたい相談先ガイド

48 07 療育を提供する施設は「事業所」と「センター」

50 【図解】就学支援の流れ

52 08 高い専門性で自立を支援する特別支援学校

53 【図解】就学先はどんなところ？

55 【図解】将来への見通しマップ

56 障害児保育 事例研究

58 事例研究（1）幼稚園の取り組み
自閉症児と健常児がともに学ぶ「混合教育」

60 事例研究（2）認定こども園の取り組み
子どもの行動理解を深める障害児対応

62 事例研究（3）児童発達支援事業所の取り組み
できる→ほめられる→自信をもつ

64 事例研究（4）園の空き教室を活用した取り組み
園と事業所が連携した子ども本位の支援体制

66 事例研究（5）福祉サービス事業所の取り組み
子どもの発達支援・家族支援・地域支援が三本柱

69 第3章 乳幼児教育をめぐる社会の動きを知ろう

73 保育の〝いま〟を知る7つのキーワード

74 01 すべての子どものウェルビーイングを保障する

76 02 インクルーシブ保育の実現に向けて

77 03 保育士配置基準の見直し、過大な現場負担の軽減

78 04 今後の人口構造の急激な変化

79 05 要領・指針の一本化

81 06 こども家庭庁への期待

83 07 こども基本法の成立

85 第4章 保育施設が子育てのハブになる

89 行政を超えてつながる2つのプラグ

90 01 障害児に関する現行制度の早急な改善を

92 02 乳幼児教育の未来を拓くチャイルドネットワークの構築

94 おわりに

＊本書の【図解】の一部は、『PriPriパレット』、『PriPri特別編集 発達支援』（ともに世界文化社刊）の記事を参考に再構成しました。

第1章

「発達」と「発達障害」について理解しよう

医学の進歩に負けない子育て支援を

２０２２年9月公表の人口動態統計値における乳児死亡率は1・7、死亡数は１３９９人と日本は世界でもっとも新生児の生存率が高い国です。

医学の進歩は素晴らしいことです。しかし、その日本で、乳幼児期において抱えている大きな問題が二つあります。一つは今回取り上げる発達障害、もう一つは虐待です。虐待はとても深刻な事態です。２０２１年の就学前の虐待での死亡数は80名、そのうちの40名は0歳であり、その加害者が母親であることも残念ながら事実です。医学的進歩に負けない子育て支援が必要です。

発達の4段階を理解する

私は、発達を胎児期、乳児期、幼児期前半（1～2歳）、幼児期後半（3歳～）の4期に分けて考えています。私のバックボーンは保育ですので、「幼保連携型認定こども園教育・保育要領」等にある「養護」（生命の保持と情緒の安定）を前提とした、乳児の「三つの視点」（健やかに伸び伸びと育つ・身近な人と気持ちが通じ合う・身近なものと関わり感性が育つ）、1～2歳（3歳未満児）の「5領域」（健康・人間関係・環境・言葉・表現）、学校教育に位置付く3歳以上の「5領域」（健康・人間関係・環境・言葉・表現）と、小学校との接続を考えた「幼児期の終わりまでに育ってほしい姿（10項目）」が基礎にあります。とくに「発達と情緒の安定」は重要であり、その中心にあるのが「愛着」だと考えています。

胎児はお母さんとへその緒でつながっていて栄養を受け取り、周りの声を聞いているといいます。タバコや薬物の使用、ネガティブな感情を込めた言葉を投げかけられるのは胎児によい環境とはいえません。

乳児期の身体および言葉によるコミュニケーションは愛着を生み出します。言葉を話さず、歩きもしない時代に、たくさんの声がけをすることで赤ちゃんは言葉を内在させ、記憶します。そして話している内容を理解し、話せるようになるのです。皆さんの赤ちゃんは多くの人に出会い、コミュニケーションする環境にあるでしょうか。

発達において1歳半まではとくに、人間性を育む大事な時期です。見る、聞く、舐める、ハイハイする、つかまり立ちをする、指差しをする、言葉を話す、ものをつかみ、そして歩く。人間らしくなるまでに脳はたくさんの活動をし、メモリー機能を確立していきます。こんなときにシーンと静かで誰も声をかけてくれなかったら、脳に何も内在させられないし、記憶もできません。人間はもともと群れで子どもを育ててきました。多くの人にかわいいねと声をかけられ、愛されることで育っていくのです。虐待はもちろん、途方もなく大きくて乱暴な声も脳の発達を阻害する原因になりかねません。

1歳半以降も情緒の安定をベースにした体の発達、そして人を思いやるとか我慢するといった人間らしい脳の発達は続きます。日本の保育が大切にしてきた心情・意欲・態度、いわゆる非認知的能力を育てることにつながります。

1～2歳の幼児期前半は生活習慣を整えることも大切です。朝同じ時間に起きて、一定の生活リズムを刻む、3回の食事、2回の間食で十分な栄養をとる、十分体を動かして早寝をする、これが幼児の生活の基本です。

0～2歳児の6割程度はいずれの保育施設にも入っていません。地域には子育て支援センターや認定こども園がありますが、すべてのお母さんやお父さんが利用できているとはいえません。こども家庭庁では就労状況に関係なく保育施設に入れる仕組みを検討しています。多くの子どもがまだ家庭にいる3歳までに、もっと情報が必要です。子どもの発達に関して、保護者、地域、保育施設などがもう少し理解を深めれば、ある程度の問題があったとしても小学校入学までには軽減できると思います。

3歳以上の幼児期後半では身体的発達と情緒的発達を確立していきます。この時期の学習は遊びを通じた学びのプロセスがもっとも重要です。関心をもつ、問いを立てる、五感で感じる、親しむ、触れ合う、

育てる、調べる、比べる、分類整理する、活動を深める、探求する、さらに調べる、よく知る、表現する、共有する、このような体験を大切にしなくてはなりません。これらが脳の前頭前野に影響し、自ら実行することや他者を理解すること、規範に基づいて社会的行動をすることなどを後押しするのです。

保育界も一次予防そしてゼロ次予防へ

現在、発達に関して障害もしくはグレーゾーンだと思われる子が少なく見ても全体の1割程度います。私は強く主張したいと思います。家庭に赤ちゃんとお母さんしかいない状況をつくってはいけません。いろいろなところで子育て支援が受けられるということを、様々な媒体を利用して知らせることが必要です。Ｗｅｂによる育児相談も必要です。ネウボラ(フィンランドの保育支援拠点。ひとりの担当保健師が妊娠中から小学校就学まで一貫してフォローする)的施設も子育て支援センターも認定こども園も、考え方をもう少し新たな、若い人たちがアクセスしやすいところへ向けていくべきです。

医療は、予防から未病の時代に進んでいます。病気を引き起こす原因やリスクファクターを個々人が自覚して取り除く一次予防と並行して、それらにつながる社会的、経済的、文化的な環境要因に着目し改善することで、病気の発生自体を大きく減らそうという考え方です。一次予防の前段階にあたることから「ゼロ次」と呼ばれます。保育も一次そしてゼロ次予防的な取り組みを模索すべき時期だと思います。

今こそ、発達の「基本のき」を語らなければなりません。子どもの発達は、階段を上るように、それも一方向に進んでいきます。社会全体がすべての子どもの発育や発達にもう少し注意を払い、万が一障害があれば、早い時期から支援することで「困っている子」が生きやすくなります。

「発達」の経過を理解して初めて「発達障害」がわかるのであって、逆ではありません。「発達障害の理解」の第一歩は発達を知ることなのです。

「発達障害」を知る5つのLESSON

赤ちゃんのコミュニケーション能力は胎児期から育まれる

妊娠は、お母さんに身体的、精神的、情緒的な変化をもたらします。家族、友人との関係性も変化し、ストレスを感じることも。保育者は、妊娠中の負担を軽減するための法律や制度についても情報提供ができるといいですね。保育施設は、妊娠中のお母さんや家族が、不安を抱え込まず支援を求められる場でありたいものです。

胎児も見たり聞いたりしている

妊娠初期（8週目）の徴候を感じたら、胎児の成長や発達を意識しましょう。子宮の中で約40週（280日）かけて、直径約0・1ミリの受精卵は50センチの胎児へと約5千倍に成長します。

妊娠初期の胎児は刺激に敏感です。母親の薬物摂取、タバコやアルコールなども胎児に悪影響を与えるとされています。胎児はお母さんのへその緒から栄養を受け取り、羊水を飲みます。お母さんも飲食や運動に気を配り、健康に留意する必要があります。

妊娠後期の胎児は子宮内外の様子に反応します。目を動かして光に反応したり、話し声を聞いて心拍数が変化したりします。周りの人もお腹の赤ちゃんにやさしい言葉をかけましょう。

妊娠したらすぐ受けられる支援を

妊娠期の愛着形成を妨げる要因として「自身が妊娠を受容できない」「パートナーや近親者が妊娠に否定的」などがあげられます。また、心身の疾患・合併症、とくに精神科疾患をもつ妊婦、若年、未婚、妊婦検診未受診妊婦、救急（飛び込み）出産などは、「望まない妊娠」の可能性があり、出産後の養育不全、虐待などのハイリスク家庭となる原因になり得ます。

伴走型支援がうたわれる今、産まれる前からの支援や妊娠の受容を支援するシステムづくりが望まれます。母親として心身ともに最善の健康状態で育児に備えることができるように、ハイリスク妊婦（身体医学的なリスク）、特定妊婦（社会心理学的・精神医学的リスク）の支援体制の充実が必要です。

妊娠の経過を知る

胎児の成長と妊婦の変化

妊娠中のお母さんや家族に適切なアドバイスをするために、妊娠の経過をひと通り把握しておきましょう。

妊娠週
5週目〜

[胎児の発育発達]

約0.5㎝。口、胃、腸、肝臓、心臓の原型ができる。心臓は早くからつくられ、4つの部屋ができる前から拍動し始める。

[お母さんの変化]

つわりが始まる。
「モーニングシックネス」。

妊娠週
7週目〜

[胎児の発育発達]

体長約2〜3㎝、体重約4g。体は2頭身。手足の指が5本に分かれる。

[お母さんの変化]

子宮は鶏卵の1.5倍くらいの大きさになる。

妊娠週
8週目〜

[胎児の発育発達]

頭と体の区別ができる。感覚が働くようになる。眼球の運動もはっきりしてくる。レム睡眠（浅い眠り）が現れる。

[お母さんの変化]

乳房や乳首の変化。
吐き気や疲労感。

妊娠週
15週目〜

[胎児の発育発達]

体長約15㎝、体重約120g。羊水の中で手足を動かす。筋肉・神経の発達。

[お母さんの変化]

胎動を自覚する。

妊娠週
18週目〜

[胎児の発育発達]

体長約25㎝　体重約300g。体を動かす。運動を始める。へその緒と胎盤を通して母親とつながる。髪の毛、眉毛、手足の爪が生え始める。

[お母さんの変化]

乳腺が発達する。
初乳が分泌してくる。

妊娠週
20週目〜

[胎児の発育発達]

耳のつくりがほぼできあがり、母親の声が聞こえるようになる。

[お母さんの変化]

腰痛がでてくる。

妊娠週
22週目〜

[胎児の発育発達]

体長約30㎝、体重約600g。指しゃぶりをするようになる。羊水を飲み小腸から吸収。ホルモンを通じて母親の感情を感じる。

[お母さんの変化]

静脈瘤が生じやすい。

妊娠週
27週目〜

[胎児の発育発達]

体長約35㎝、体重約1000g。約5分おきに睡眠と覚醒をくり返す。まぶたを閉じたり開いたりする。口、耳、目の機能が発達。音への反応、記憶が生まれる。

[お母さんの変化]

便秘しやすくなる。
貧血になりやすい。
お腹が張りやすくなる。
おりものが増す。

妊娠週
30週目〜

[胎児の発育発達]

体長約40㎝、体重約1500g。男女の区別が付く。手足の筋肉が発達。外の音がはっきり聞こえる。

[お母さんの変化]

胎動を強く感じる。
こむらがえりがおこりやすい。
妊娠線の出現。

妊娠週
35週目〜

[胎児の発育発達]

体長約45㎝、体重約2500g。皮下脂肪が増える。心臓、肺の機能が整う。髪の毛が生えそろう。

[お母さんの変化]

動悸、息切れが起こる
むくみが起こりやすい。

妊娠週
39週目〜

[胎児の発育発達]

体長約50㎝。体重約3000g。口、歯茎が発達。内臓神経や肺が成熟。頭が下を向きお腹の外に出る準備をする。

[お母さんの変化]

頻尿になる。
胎動が減る。
お腹の張りが頻繁になる。

京都大学・明和政子先生に聞く

赤ちゃんや子どもにとって一番大切なのは「愛着」

赤ちゃんの安心基地とは

保育の世界では長い間「養護」がもっとも大切なこととされてきました。養護は要領・指針では、安全（生命の保持）と安心（情緒の安定）を図ることとされています。最近、国のいろいろな会議で「安心・安全」が使われるようになってきています。安全はもちろんのこと、安心に係る子どもの愛着はどうあるべきか、つまり安心をどう保障するかが赤ちゃんにおいてもっとも大切なことだと思います。

子どもの育ちに必要な「愛着」について京都大学の明和政子先生は、ヒトという生物としての育ちという観点から、生存するうえで必須となる事柄だと言っています。明和先生のお話を以下に要約します。

愛着については、子どもが恐怖や不安を解消するために必要なものであることを皆さんはよく知っています。愛着の対象は、日本では多くの場合、母親であることが多いでしょう（実際には母親である必要はありません。男性も、血縁関係にない者も、愛着対象となり得ます）。しかし、明和先生は、生物学的に見ると、さらに重要なことがあると言います。

私たちの体には、何か急激な生理的変化、混乱が起こったときに一定の範囲内に保つ性質があります。これを「ホメオスタシス」と言います。そして、何かしらの大きな変化が起こりそうなとき、その予測した崩れを前もって安定させようとする「アロスタシス」というシステムが働きます。

ヒトは、出生後しばらくは、アロスタシスを自らの力で働かせることができません。生存するには、養育者がアロスタシスを調整する必要があります。子どもが泣いたり、ぐずったりすると、養育者は抱っこしたり、授乳したり、やさしく撫でたりしますが、こうした身体接触によって、子どもの体の中に起こる体温や血圧、覚醒、睡眠、血糖値などの崩れを外側から安定的に制御、回復させているのです。

こうした、生存するための必要性という事実をふまえると、子どもが、怖い、不安だと意識するようになる前に、ホメオスタシスを整えてあげる存在が不可欠なのです。こうした経験をある特定の誰かと日々くり返していくことで、ヒトは時間をかけて愛着対象を形成していくのです。それを土台として、子どもたちはある特定の誰か(養育者)以外、たとえば、園の先生や友人との関係においても社会的な絆をもてるようになります。

明和先生のお話には大変感銘を受けます。愛着は、生存をかけた土台であるということです。この数十年間、密室育児が主流になりつつあります。またスマートフォン中心の生活では、赤ちゃんへの声かけが極端に少なくなってきているといいます。他者から微笑みかけられ、かわいいねなどと声をかけられ、抱っこしてもらう、こうした身体接触を中心とするコミュニケーションの機会が現代社会では減ってきています。このことは、子どもの発達にとって無視できない問題だと思います。

長い子ども期と「共同養育」

ヒトの育ちの特徴のひとつは、子ども期がきわめて長いことです。ヒトは、運動機能的には非常にか弱い状態で産まれてきます。生まれて1年ほどは、自分で立つことすらできません。他方、ヒトは胎内にいる時期から脳の発達を優先し、その結果、頭部が大きくなりすぎて、出産が大変になってしまったと考えられています。ヒトの赤ちゃんは、誕生直後から積極的に世話をしてくれる誰かがいることを前提として生まれてくるのです。

さらに、ヒトは、チンパンジーやニホンザルと違って、出産後に子育てをすべてひとりで担う生物としては進化してこなかったとみられています。ヒトは、ひとりの子が自立するまで、長い時間と手間が必要となります。養育に必要となるコストが、ほかの動物に比べて圧倒的に大きいのです。しかし、ヒトの母親は、出産後、次の妊娠に向けた体の準備がすぐに整います。つまり、母親は短期間で子どもをたくさん産みますが、子育てには母親以外の他者も関わるという「共同養育」によって子孫を残す生存戦略を進化の過程で選択してきたと考えられています。

授乳しながら声をかけるのはヒトだけ

胎児期からの身体接触（抱き・授乳）と声かけ（聴覚）や微笑（視覚）の経験がヒトとしてもっとも大事なことです。他者は「心地よさ」をもたらしてくれるという記憶は、他者と円滑に関係を築いていくための土台です。

ニホンザルもチンパンジーも、子どもを抱き、授乳しますが、「笑顔を向けて、声をかける」といった積極的な働きかけを行うのはヒトだけです。授乳されると、子どもの体には血糖値が高まるという変化があります。また、抱っこされたり、やさしく触れられたりすると、オキシトシンなど内分泌ホルモンの分泌が高まるという変化もあります。これらは、「心地よい」感覚を子どもの体に生じさせます。そのタイミングで、声をかけられ（聴覚）、笑顔を向けられる（視覚）経験を積み重ねると、その心地よさがその人の声や顔と結びついて記憶されていきます。これが、ヒトの愛着形成の基本であり、この土台となる記憶を脳内に形成することで、成長にともない様々な他者との関係も安定的に築かれていきます。

子育て経験と父性・母性

明和先生は、いわゆる「父性」や「母性」とよばれるものは、性差によらず子育ての体験を通して育つと言っています。最新の脳科学研究では、子育て場面で適応的に働く脳や心というものは、男女ともに、子育てをする身体経験によって次第に育まれていくことが示されています。つまり、子どもが生まれると同時に、母性や父性というものが自然と湧き立ってくるわけではないのです。子どもと触れ合うという日常の経験こそが親性脳を育むには必要であり、それは子どもだけではなく親自身の成長にもつながります。子育てを通じて、自分自身も成長しているという実感、喜びや達成感、感動を得られることが、これからの子育てには大変重要になってきます。ヒトの、生涯にわたる心身の幸福の土台となるのは愛着対象の獲得であり、そのためには、養育する側の親性をしっかり育むことが必要です。現代社会においては、子どもの支援だけでなく親性を育てる支援、仕組みづくりがいっそう重要となるでしょう。

0歳からの成長のサインを読む

0歳～1歳。12か月のコミュニケーションの発達

乳幼児は脳の発達に伴い、他人の視線や身振りなど社会的に意味のあるシグナルを理解し、自らも発信できるようになります。

1か月
視線
視線が合う

2か月
笑う
あやすと笑う

3か月
追視
動くものを目で追う

4か月
表情
親と他人とで表情が異なる

5か月
人見知り
人見知りが始まる

6か月
声を出す
何かを欲しがって声を出す

7か月
韻律
喃語《なんご》に韻律が出てくる

8か月
喜ぶ
「いないいないばあ」で声を出して喜ぶ

9か月
振り向く
名前を呼ぶと振り向く

10か月
模倣
動作の模倣が増える

11か月
意思表示
指差しで意思表示する

12か月
発話
意味のある単語を話す

5歳児が無理なく学校生活に移行できるために

「架け橋プログラム」とは、文部科学省を中心にした、5歳児を小学校にスムーズに移行させるための取り組みです。5歳(幼児期の終わり)までに育ってほしい姿は要領・指針に示されています。

乳幼児期から育む「3つの資質・能力」

これまでは「心情・意欲・態度」(非認知的能力)が保育の中心でしたが、2018年度の改定により、保育施設では、「心情・意欲・態度」を含む「3つの資質・能力」(①知識及び技能の基礎、②思考力・判断力・表現力等の基礎、③学びに向かう力・人間性等)を育んで小学校に接続することになりました。

就学時の具体的なイメージ「10の姿」

認定こども園等の保育に含まれる教育的な観点は、乳児期(0歳)は「三つの視点」(①健やかに伸び伸びと育つ、②身近な人と気持ちが通じ合う、③身近なものと関わり感性が育つ)、幼児期(1~5歳)は「5領域」(①健康、②人間関係、③環境、④言葉、⑤表現)で示されます。

乳幼児期を通して育まれるのが「3つの資質・能力」で、それによって形成される就学時の具体的なイメージが「10の姿」(左頁参照)です。以下、「視点」「領域」「姿」のつながりを示します。

・視点① 健やかに伸び伸びと育つ(身体的発達)→領域①健康→姿01健康な心と体
・視点② 身近な人と気持ちが通じ合う(社会的発達)→領域②人間関係→姿02自立心+03協同性+04道徳性・規範意識の芽生え+05社会生活との関わり、領域④言葉→姿09言葉による伝え合い
・視点③ 身近なものと関わり感性が育つ(精神的発達)→領域③環境→姿06思考力の芽生え+07自然との関わり・生命尊重+08数量や図形、標識や文字などへの関心・感覚、領域⑤表現→姿10豊かな感性と表現

これにより、乳幼児期から小学校への「架け橋」が築かれ、子どもたちが学校生活に順応できるよう支援します。

保育活動や遊びの中で意識しておきたい

幼児期の終わりまでに育ってほしい「10の姿」

幼児期から小学校にスムーズに移行するための資質や能力についての指針です。目標達成が目的ではありません。子どもの成長をみるための目安として参考にしてください。

01 健康な心と体

健康な心と体は発達の土台であり両輪です。目に見えやすい体の健康だけではなく、心の健康も同じくらい大切にしましょう。

02 自立心

「自分でやりたい」という子どもの気持ちをサポートしましょう。「できた！」という達成感や充実感が子どもの自信につながります。

03 協同性

「協同性」は集団の中でこそ身に付く力です。なかよく遊ぶときだけでなく、けんかや葛藤を通しても子どもたちの協同性は育まれていきます。

04 道徳性・規範意識の芽生え

「してよいことや悪いこと」と同時に、「なぜなのか」を伝える努力を。子どもたち自身できまりをつくったり守ったりできるといいですね。

05 社会生活との関わり

家族から園、地域へと子どもたちの活動範囲を広げましょう。様々な人と触れ合うことで、社会とのつながりを感じ取れるようになります。

06 思考力の芽生え

「なぜ」「どうして」が子どもたちから出てくるような活動を工夫しましょう。友だちのやり方や考え方に気付かせるアドバイスも。

07 自然との関わり・生命尊重

身近な自然を活用しましょう。葉っぱ一枚、雨や風も自然です。昆虫や小動物を飼って命の大切さに目を向けさせるのもいいですね。

08 数量や図形、標識や文字などへの関心・感覚

お当番活動で友だちに物を配る（数量）、お散歩で標識を見る、かるた遊びをする（文字）など、遊びや生活の中での体験を大切に。

09 言葉による伝え合い

絵本や物語に親しむと同時に、保育者は、まず、子どもの言葉をよく聞きましょう。「話す」と「聞く」がセットになって伝え合いになります。

10 豊かな感性と表現

「心を動かすできごと」が表現の原動力。保育者は、感動を表現できる素材を用意したり友だちと楽しんだりできるよう援助しましょう。

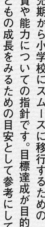

発達と遅れの目安〜月齢に沿って確認しよう

発達を考えたときに、次のステップに進まずに留まる期間があまりに長いと「発達の遅れでは?」と気になります。

1歳半の時点がポイント

発達は行きつ戻りつしながらも一定方向へと進みます。これを理解したうえで、「話す、歩く、つかむ」という人間としての三大要素が確立される1歳半の時点までをきちんと観察しましょう。そのために各月齢における成長を確認しておきましょう。

たとえば、人を見ると笑いかける(5か月)、寝返りをする(6か月)、親指と人差し指でつかもうとする(8か月)、知っている人の声を聞き分ける(9か月)、コップを自分で持って飲む・人見知りする(11か月)、言葉を1〜2語模倣する(1歳)、1〜2歩歩く(1歳2か月)、3語言える(1歳4か月)、コップからコップへ水を移す(1歳6か月)などです。

1歳半までの一般的な課題ができない場合、その後、目安より遅くても歩ける、話せるようになるか見守ります。引き続き満3歳くらいまで注意深く観察する必要があります。発達障害の特徴らしきものが見えてくる頃です。

発達障害の入口としては次のような特徴があり、早めの対応が必要になることがあります(あくまでも目安。これですぐに障害と認めるのは危険)。

【対人関係】視線が合わない/微笑まない/働きかけに声や表情で応じない/模倣をしない/人・場所見知りが激しい/周囲への興味がない/指示が伝わらない/友だち関係が成立しない

【運動機能】指差しをしない/体がグニャグニャしている/やたらに動き回る(多動)/転んだりぶつかったりすることが多い/とても不器用/座っていられない/危険の認知ができない

【言語】言葉を話さない/ずっと話し続ける

【感覚器】音に敏感/まぶしさや色をいやがる

【こだわり】ひとつのものに固執する

【集中力】集中力が続かない

日常の「困った」は、発達障害のサイン？

発達障害の種類と特性

日常生活の気になる言動は、
しつけや育て方の問題ではなく
脳の機能障害＝発達障害の可能性があります。
園児に気になるふるまいはありませんか？

自閉スペクトラム症（ASD）

特性
- 対人関係に大きな困難を抱える
- こだわりが極端に強い
- 五感に著しい感覚過敏がある

【気になる症例】
- 抱っこや触られることを嫌がる。
- ひとり遊びが多く、友だちの輪に入らない。
- 視線が合わない、他人の表情を読み取れない。
- いつも同じ手順で行動する。予定の変更を極端に嫌う。
- 園生活に支障があるほど五感が過敏（または鈍感）。

学習障害（LD）

特性
- 「聞く・話す、読み・書き、計算」のいずれかに著しい困難がある
- 知的発達に遅れはない

【気になる症例】
- よく言葉につまる。発話時の単語の並びや発音が不正確。
- 文を意味で区切ることができず、1文字ずつ読む。単語や行を飛ばして読む。同じ行をくり返し読む。
- 「わ」と「ね」など似ている文字を区別できない、書き分けられない。
- 数え間違いが多い。数や量の大小多寡が理解できない。

注意欠如・多動症（ADHD）

特性
- 不注意…注意や集中の持続が著しく困難
- 多動性…じっとしていることができない。騒いで歩き回る
- 衝動性…がまんができない。順番が待てない

【気になる症例】
- よく忘れ物をする。物をなくす。
- 常に体のどこかを動かしている。
- かなり高いところにも怖がらずに登る。
- よく割り込みや横取りをする。
- ほかの子にちょっかいを出してしょっちゅうトラブルになる。

発達性協調運動障害（DCD）

特性
- 並外れて不器用
- 運動が極端に苦手

【気になる症例】
- スプーンやコップがうまく使えない。
- ボタンをはめることができない。
- 着替えが極端に遅い・できない。
- 階段が苦手、昇降の動作が不自然。
- 平坦な場所で転ぶ。転んだときにとっさに手が出ない。

＊『PriPri特別編集 発達支援』（2018年 世界文化社刊）p19「発達障害の種類と特性」［監修：岡田 俊（国立精神・神経医療研究センター 精神保健研究所 知的・発達障害研究部 部長）］を元に再構成しました。

積極的な支援が必要な場合とグレーゾーン

2歳になってもまったく言葉が出ない、3歳になってもまったく会話が成立しないということがあれば、「療育」をすすめるか判断する必要があります。前頁に発達障害の種類と特性を示しました。3歳程度で前頁の症状が強い場合は「療育」を考えてもいいのではないかと思います。療育とは、障害をもつ子どもが社会的に自立して生活できるよう、それぞれの状態に応じた支援を行って発達を促すことです。

ただし、この時期はまだ判断が難しく、個人差による普通の発達の遅れや何らかの環境要因でグレーゾーンにいる場合もあるので、一人ひとりの子に粘り強く触れ合っていくことがとても大事です。

障害児をサポートする取り組みとして「発達支援」という言葉が使われます。発達支援とは、治療と教育を基礎とする療育の概念を発展・拡大させたものです。障害児本人だけでなく、その家族、保育施設など地域機関への支援を含めた包括的なサポートを指します。

グレーゾーンの子ども

グレーゾーンは、前頁の発達障害の特性があるけれども診断基準は満たさず、明確には見極めづらい状態にある子どもです。はっきりと障害が見えている子どもと比べると困難は少ないと思われがちですが、周りからの理解や支援が得にくいなど、それ特有の「困った」状態にあります。

診断名が付かなくても「療育」の支援を受けられる場合もあります。保護者が子どもに合った環境で学ぶ早期療育を望む例もあります。グレーゾーンの子をどう導くかには、アセスメント（対象に関する情報収集）力が必要です。観察の対象を家族にも広げ、ヒアリングをし、子どもの健康や生活状況について情報収集し、今後のサポート方法を検討することになります。

診断名が付く、付かないにかかわりなく、それぞれの子どもの「困った」を理解し、必要な支援を保護者や地域も巻き込みながら進めたいものです。

園で気になる子が発達障害かも？と思ったら…

自閉(ASD)的&ADHD傾向 チェックシート

保育の現場で気になる子がいたらチェックしてみましょう。当てはまる項目が多いからといって障害を断定するものではありませんが、適切なサポートにつなげるための目安としてご参照ください。

ADHD傾向のある子どもにみられる特徴

【行動】

□3歳になっても、食事のときにいすにじっと座っていられず、立ち歩く。

□じっとしていられず常に体のどこかがもじもじと動いている(貧乏ゆすり・爪かみをする、頭をかく、髪を触る、手足をかくなど)。

□目的の物があるとそれしか目に入らずに突進していく(周りに障害物があっても目に入らずにぶつかったり踏んだりする)。

□目についた物をすぐに触る(非常ボタンを押す、スイッチを押すなど)。

□高いところに登ろうとする(登ってしまう)。

□同じ年齢の子どもに比べてけがが多い。

□知らない人がくると、真っ先に近寄っていく。

□机やドア、人によくぶつかる。

□物の取り間違いが多い。ほかの人の靴を履いていたり、ほかの人の物を使っていたりする。

□順番を守るように言われても、待っていられずに割り込む。

□何度注意されても同じことをくり返す。

□机の上で作業をしていると、道具をひんぱんに床に落とす。

【生活】

□テーブルの上のコップや茶わんをよく倒したり、中身をこぼしたりする。

□持ち物をいろいろなところに忘れてきてしまう(園、公園、電車やバスの中など)。

□ひんぱんに持ち物をなくす。

□食事や着替えの最中にぼーっとしていて、終わるまでに時間がかかる。

【コミュニケーション】

□人の話をさえぎって自分の話をする。

□人の話を最後まで聞かずに行動に移してしまう。

□静かにしなければならないところでも、ひとりでずっとしゃべっている。

□話の内容があちこちに飛んでしまう。

□話を聞いている途中から、上の空になっている。

□相手と関わりたい気持ちから、いきなり叩いたり、抱きついたりして驚かせてしまう。

【遊び】

□遊びが定まらず、次々に遊びが変わる(視界に入ったおもちゃに飛び付くなど)。

□自分勝手に体を動かすことは大好きだが、水遊びや体操などのとき、指示に従って動くことができない。

□大きな揺れ、ジャンプや回転など、強い刺激が得られる遊びを好む。

□興味があることには集中して、やめるように言われてもなかなかやめない。

□ひとつの遊びをそのまま放って別の遊びをするので、複数のおもちゃや道具で部屋が散らかる。

□公園に行っても、何で遊べばよいのかわからず、ふらふらしている。

□初めての物にすぐに飛び付く。

【感情】

□ささいなことで友だちを叩いてしまう(体がぶつかった、自分の使いたかったおもちゃを先に使ったなど)。

□自分の気持ちをがまんすることができず、ちょっとしたことで激しく怒る。

□理由なく周りにいる子どもを叩いたり押したりする。

□興奮しやすく、なかなか落ち着けない。

□自分を否定されることに過剰に反応する。トラブルのときなど、被害者意識が極端に強い。

このチェックリストは、子育て支援サイト『キッズハグ』を参考に、保育の現場で確認しやすい項目に絞って再構成したものです。

自閉的傾向のある子どもにみられる特徴

【感覚】

□手をつなぐのを嫌がる。
□足裏にごみや砂などが付くのを極端に嫌がる。
□のりなどのベタベタするものが大嫌い。
□すぐに手を洗いたがる。
□大きな物音がしても、聞こえていないように行動する。
□ほかの人が気付かないような物音に気付く。
□けがをしていても痛がる様子がない。
□少しの光でもまぶしがる。
□ザワザワしたところに行くと耳をふさぐ（人が多いところなど）。
□特定の音が苦手で嫌がる（トイレの水流など）。

【言葉】

□ひとりごとが多い。
□「何を食べたいの？」と聞けば「何を食べたいの？」とオウム返しに答える。
□言葉を話してはいるが、話が一方的で会話が成立しない。自分の話したいことだけを話す。
□呼びかけても振り返らない。

【生活】

□偏食が強い。白いご飯しか食べない、初めて見るものはまったく食べようとしないなど。
□3歳を過ぎて、オムツの中にうんちやおしっこをしていても気にしない。
□自分の家以外のトイレに行くことを嫌がる。
□おしっこはトイレでできるが、うんちはオムツの中にしかしない。
□毎日同じ手順や道順でないと怒る。身支度の順番や通園路が変わることを極端に嫌がる。
□予定が変わると泣き叫ぶ（雨で遊べなくなったときなど）。
□自分で決めた置き場所、やり方にこだわり、他人がそれに従わないと激しく怒る。
□幼稚園や保育所の先生や友だちの顔を覚えられない。2年間同じクラスで過ごしている子どもの名前がわからない。
□1つだけの指示なら行動に移せるが、同時に2つ、3つの指示をされると、途中で何をするのかわからなくなる。

【運動・動作】

□意味もなくぴょんぴょんと飛び跳ねる。
□目を細めてキラキラしたものを見る。
□顔の前で手をひらひらさせる。
□走り方がぎこちない。両手を前に突き出して走るなど。
□コップを使うときにうまく手を返せず、飲み物がこぼれる。
□棚やロッカーの上など高いところに登りたがる。
□ロッカーや机の下など狭いところに入りたがる。

【コミュニケーション】

□ほかの人の手を取って、自分の欲しい物を取ろうとする。クレーンのようにほかの人の手を使う。
□欲しい物があっても、指差しで伝えることができない。
□表情が変わらず、楽しいときでも楽しそうな顔にならない。
□大人が笑いかけても笑顔で返さない。
□親や先生が怒っているのに、怒っていることが全く伝わらない。表情を察することができない。

【遊び】

□3歳を過ぎても、周りの子どもにまったく関心がなく、ひとり遊びばかりしている。
□ひとりで遊んでいるところにほかの人が入ってくることを激しく嫌がる。
□勝ち負けに強くこだわり、負けると激しく怒る。
□ひどく嫌なことがあると自分の頭を壁や床に何度もぶつける。

社用車

第2章

「発達支援」の全体像を把握しよう

発達過程において必要な時期にタイミングよく支援することは乳幼児期にもっとも大切なことです。これは障害児もしくはグレーゾーンの子だけではなく、健常児であっても同様です。障害児である前にすべて「子ども」です。子どもを育てるという原点を忘れてはなりません。

適切な時期の適正な支援を

月齢の成長の目安から次のステップに進まず、平らな部分があまりに長いと「発達が遅れているのでは？」と感じられます。22・24頁で述べたように最初のポイントになる1歳半から満3歳までをよく観察し、そして適正な保育をすることが大切です。その意味では3歳未満の保育の重要性は、発達支援の3つの面（アタッチメント＝愛着・脳と心・食育）から見ても増していると思います。

この観察期に、たとえば2歳時点で、言葉がまったく出ない、自傷・他害が激しい、また3歳や4歳において、ずっと走り回る、家庭である程度会話ができても保育施設での対人関係が成立しない、または希薄であるなどの場合は、その子に合った支援が必要と考えるべきです。保育施設で難しい場合は専門施設での療育も含めて発達支援を取り入れていくことが望ましいと考えます。適切な時期の適正な支援が、子どもの能力を引き出すために必要なのです。

支援を難しくするもの

脳科学の研究が進み、発達障害は脳の働き方に原因があるということがわかってきました。しかし、実際には障害やグレーゾーンの子どもへの対応は簡単ではありません。大きくは二つの要因があります。

一つは診断が難しいことです。乳幼児は社会性や対人関係の形成が発達の途上にあります。身体的検査、生育歴調査、発達検査などから判断されますが、病気との違いや個人差による発達の遅れなのか障害があるのか診断が難しいと思います。2歳児が他人の気持ちを想像・理解することは難しいですし、落ち着きがないといったことも、すぐに発達障害と結び付けられるものではありません。子どもの成育過程において個人差が見られるだけかもしれないからです。グレーゾーンかどうかを判断するのはさらに難しいことです。

もう一つは、さらに厳しい問題として、保護者が自分の子どもを、あるいは祖父母が孫を障害児扱いされることは受け入れがたく、支援やアドバイスを拒絶することです。障害や発達の遅れを受容することは容易なことではないですし、たとえば発達検査なども一般的には受け入れがたいものです。こうしたことから必要な時期に療育を受けられないことになり、就学前の検査で突然障害児とされ、パニックになる保護者の方もたくさん見ています。

就学後の放課後等デイサービスへの通所と比べて、幼児の保護者に児童発達支援事業をすすめるのには大変な困難を感じます。

この二つの困難さの狭間で現実的に何もできないまま適期を過ぎると、2歳後半から3歳になる頃から、子ども自身もその保護者も保育施設も、いろいろと困った状況に直面します。保護者は、障害の受容から始まり、療育に通わせる手続き、そのための時間的な配慮、就労を続ける難しさ、また自宅に帰ってからの対応など、様々な問題に向き合わなくてはなりません。その厳しさは考えるだけで相当気が滅入ることで、対処は容易ではありません。保護者に対する支えも必須です。

保育施設でも、障害に対する知識がある程度共有されていたとしても、クラスに2人位該当する子がいると、クラス運営は相当難しくなります。3歳未満児の保育は基本的に個別対応が主ですので、保育者数が多ければ対応ができるかもしれません。しかし、クラス活動が基本の3歳以上児は、ひとり担任制では対応が非常に困難な状況になることは間違いありません。

これらについては、こども家庭庁において論議されている「幼児期までのこどもの育ちに係る基本的な指針(仮称)」の中でも、次のような意見があります。

・配置基準改善が進むとしても、それ以外にもまだ課題は大きく、構造の質の論議も必要。
・今回の指針は、社会全体の意識改革に大きく関わることであり、まさに子ども観の転換でもある。つまり、子どもをひとりの人として、権利主体として尊重するということ。かなり大きな転換を意味している。
・子どもは全員違うということを前提とし、専門性をもつ様々な支援者たちがきちんとした技術をもって、それをしっかりと見いだして、その子の強みを伸ばせるように、周りの環境を整えていくことこそが育ちの保障ではないか。

　いまだ心の中にわだかまっている「隠れて進まない受容」を、理念や仕組みなどで本気で変えようとしている方々が現実にいます。日本は確かに、変わろうとしています。日本の教育・保育・障害の分野はまだ縦割りですが、それぞれの分野でよい施策が進められています。次代では互いの考え方や縦割りの仕組みを整理して、必要なことを迅速に進めていくことが必須です。障害者だけではなく、様々な社会的背景をもつ人たちを互いに受容し、幸福な生活を送る（Well-Being）ことのできる社会、みんなで子どもの育ちを支える社会を構築するといったことから、本当の「こどもまんなか社会」が生まれるのだと思います。

　再度述べますが、困っているのはまずは保護者であり保育施設です。けれども、さらに困っているのは子ども自身なのです。

　「困っている子」をどう支えるかを、行政、地域、保育施設、事業所などで、もっと一体になって考えるときにきています。とくに、保育施設と事業所の連携接続は、今後もっとも大きな課題であり、必要不可欠であることを強調して第2章を始めたいと思います。

「発達支援」を知る 8つのLESSON

インクルーシブ教育・保育とは

障害のある人の権利を保障するための国際条約である「障害者の権利に関する条約」(以下、障害者権利条約)は、2006年に国連が採択し、2014年に日本が批准しています。

文部科学省において幼児期におけるインクルーシブ教育・保育は次のように考えられています。

「幼児期においても、障害者権利条約に基づくインクルーシブ教育システムの実現のため、①障害のある子供と障害のない子供が可能な限り共に過ごすための条件整備、②一人一人の教育的ニーズに応じた学びの場の整備を両輪として取り組むことが重要」

幼稚園教育要領において、障害のある幼児などへの指導にあたっては、「集団の中で生活することを通して全体的な発達を促していくことに配慮し、特別支援学校などの助言又は援助を活用しつつ、個々の幼児の障害の状態などに応じた指導内容や指導方法の工夫を組織的かつ計画的に行うものとする」と示しています。

国連の勧告と現状について

日本は2022年に、スイス・ジュネーブの国連欧州本部で、障害者権利条約に関する初めての審査を受け、国連の障害者権利委員会から日本政府に「インクルーシブ教育の権利を保障すべき」という勧告が出されました。

文科省では2007年にはすでに特別支援教育制度が始まっています。「特別な支援を受ける場合は別の場で学ぶ」ことが前提となっていた教育システムが大きく変わり、通常学級においても特別支援教育を実施することになりました。さらに、2012年「共生社会の形成に向けたインクルーシブ教育システム構築のための特別支援教育の推進」においては障害のある子どもとない子どもが可能な限りともに学ぶことを目指すべき、とされています。

　このように、障害のある子どもへの教育のあり方について議論を重ね、障害児に対する有効な施策を積み上げてきました。ですが、これらは「既存の通常教育を前提とした上で、障害のある子どもにどのように付加的な支援をしていくか」が発想の中心でした。国連から勧告があったことがすなわち、文科省が排除の論理を推し進めているということではありません。「合理的配慮による」「可能な限り」の対応をしてきた日本の教育現場の支援のあり方が、国連が想定するアプローチと違っていたということだと思います。このような試行錯誤の中で、インクルーシブ教育・保育をどう実現すべきか、多くの関係者が真正面から考えるときにきています。

特別支援から専門的支援へ

　インクルーシブ教育・保育のあるべき姿をどう描くかは大きな課題です。基本的には乳幼児期の施設こそ、最初のインクルーシブの場であるべきです。それは障害のある子どもを受容すること以前に、多様な子どもが一緒にいるのが当然だという世界観を乳幼児期から構築していく必要があるからです。障害児だけではなく、外国籍の子もいます。支援が必要な子どもに、「特別な」支援ではなく、専門的支援を提供する仕組みが必要だということです。

　今こそ一斉教育ではない、個別最適化を目指した教育に移行していく時期です。就学前の子どもの発達を第一に考えたときに、支援をするのであれば個人と集団の両方において支援することが望ましいのです。個人の能力を伸ばすことと、社会性を育むことは幼少期においてとても大切な側面です。個々の子どもへの専門的支援の場と、多様な子どもたちが一緒にいる場をともに設けることは可能なはずです。

　これまで「分ける教育」をしてきたことから、小学校以降は障害のある人は身近であまり見かけない状況です。多くの人が「区別」という名の排除を無意識に受け入れているように感じます。これらを考えるとインクルーシブ教育そして保育は、今後の日本をよりよくする上で、最重要な施策のひとつなのです。

社会福祉法人 清隆厚生会 椛沢香澄先生に聞く

障害を受容するということ

障害がわかる過程には、大きく分けて三つのケースがあります。一つ目は、出生前か出生とほぼ同時に障害がわかる場合。医療の力を大きく必要とするケースです。二つ目は、一つ目と同じ状況で医療の力をさほど必要としないケース。三つ目は、成長過程で障害があるとわかるケースです。

一つ目のケースの場合、わが子が生死をさまようこともあり、親は将来のことを考えられないほどの大きなショックを受けることが多いといえます。しかし、生まれてきたわが子を目の前にし、なんとか生きてほしいという気持ちが芽生えるため、障害の有無より命を助けることに集中し、生きていれば何でもしてあげられる、生きていれば障害があっても大丈夫、と自然と障害受容をしていることが多いように思います。

二つ目のケースの場合、ほかの子どもと変わらない生活をしていることが多く、そのため、本当に障害があるのかなと思ってしまい、なかなか受容できないこともあります。それでもわが子の成長とともに、おおよそ1～2年かけて受容していくことが多いようです。子育てをしながら、障害について調べたり、同じ境遇の親子とつながりをもったりすることで少しずつ受容していきます。

三つ目のケースの場合、平均して3～4歳位までは通常の子育てをしています。多少育てにくさを感じているものの、いわゆる「普通の子ども」として育ててきたため、突然障害があるかもしれないとわかった時点で、多くはショックを受けてしまいます。この先どうしたらよいかわからず途方に暮れる、わが子とどう接したらよいかわからなくなってしまう、ということが起こり得ます。

サポートとアドバイスの重要性

三つのケースに共通することは、描いていた未来が崩れてしまうという点です。初めから障害があることを想定する親はいないでしょう。わが子をお腹に宿した時点でいろいろな未来を思い描き、生まれてくる日を心待ちにします。その明るく輝かしい未来像が少なからず制限される親の気持ちを思うと心が痛みます。

前述したように、一つ目のケースは医療関係者が命をつないでくれることにより、医師や看護師などの病院関係者から大きな精神的サポートを受け、わが子の現状を素直に前向きに受け入れられることが多いといえます。

問題は二つ目と三つ目のケースです。大切なのは、障害を受容するまでにどのような過程を経て、どのような人と出会い、誰に話を聞いてもらい、アドバイスを受けるかです。それによってその後の親子の人生が左右されることになります。

障害を受容するということは、親だけの問題ではありません。家族、親戚、友人、仕事の同僚、上司、ご近所の方、医療関係者など親と直接関係のある人々、兄弟姉妹、園の友だち、先生など子どもと直接関係のある人々と、実に多くの人々が関わってきます。親自身が受容できても、周囲の人が否定したり不安を口にしたりすると、親の気持ちも揺らいでしまいます。同様に、子どもに否定的な言葉をぶつけることで成長が妨げられ、親も心を痛めます。逆に、周囲の大きな支えにより障害と向き合い、無理なく少しずつ受容していくことも十分に可能なのです。家族の深い理解が一番だとは思いますが、第三者からしっかりとサポートを受けられる体制が整っていることがとても重要です。そうしたサポートによって障害があっても自然とわが子を受け入れられるようになるのです。

いつか受容できる日のために

障害を受容する過程はとても複雑です。それぞれが置かれている環境、自身の性格によって様々な経緯をたどります。それでも誰しもがいつかは障害を受容し、わが子と真正面から向き合う日がきます。わが子がかけがえのない存在であることに変わりはありません。まずは自身が受け入れ、周りの人にも同じように認めてもらいたいと思うのは当たり前の親心です。この困難な過程を、ひとりではなく少しでも多くの相談相手がいる環境で過ごしていけたら、かなり心が楽になるのではないかと思います。

保護者の心の動きを理解しよう

保護者が障害受容に至るプロセスを知る

わが子の発達の課題に直面した保護者は、不安で複雑な感情をもつのが当たり前です。保育者は、まず、そうした心情を理解し、保護者にしっかり寄り添いましょう。

精神的打撃

1 医師の診断にショックを受ける

わが子の言動から障害の疑いをもつ、保育者から発達の課題を告げられる…。初期の不安が募り、医師による発達障害の診断が下ることで、保護者は精神的に大きなショックを受けます。一方で医師の診断がついて、「育て方のせいではなかった」と気持ちが切り替わる保護者もいます。

否定・パニック

2 診断結果を認めずパニックに陥る

診断結果を受け止めきれず「たまたま調子が悪かっただけ」などと事実を否定してしまいます。そのため保育者に診断結果を伝えなかったり、尋ねられてもあいまいな返事をしたり。事実を受け入れざるを得なくなると、精神的に混乱を起こしたり、パニック状態に陥ることもあります。

怒り

3 受け止めきれない現実に怒り

わが子の障害を受け止めざるを得なくなると「なぜ、うちの子だけが」と怒りがわいてきます。怒りの感情はコントロールが難しく、周囲に八つ当たりし、イライラをぶつけます。あるいは極端にふさぎ込んだり。保育者が保護者の激しい感情の起伏にとまどってしまう時期です。

敵意と恨み

4 怒りの矛先が周囲に向かう

怒りややりきれなさが募り、やがて周囲に敵意や恨みをもってしまう時期です。気遣う言葉をかけても「どうせ他人ごとでしょ！」と攻撃的な言葉が返ってくることも。これは混乱した気持ちを吐き出さないと保護者自身が崩れてしまうから。やさしく見守ってあげましょう。

罪悪感

5 負の感情が自分に向かう

もともと周囲に悪意がないことは保護者もわかっています。次第に敵意や恨みといった負の感情を表に出さなくなり、逆にその感情を自分自身に向け出します。障害の原因は「育て方のせいかも…」「妊娠中の不注意のせいかも…」などと自分を強く責めるようになります。

孤独感

6 周囲との関係を遮断して孤独に

妊娠中の行動や育て方を思い返して、自身を責め続けると気持ちは沈む一方です。「誰も理解してくれない」と、周囲との関わりを避けて孤独感にさいなまれます。家族の理解が得られない場合はさらに大きな孤独感を抱えます。不眠症になったり、うつ傾向になる場合もあります。

精神的混乱と無関心

7 意欲が低下して無気力・無関心に

落ち込んだ状態が続くと、先を見通したり前向きに考えたりする気力をなくし、「何をしていいのかわからない」「何も考えたくない」と思いがち。保育者が子どものことを尋ねても、考えが整理できずに無関心を装ったり、保育者と話すことすら避ける場合もあります。

あきらめと現実の直視

8 わが子の現実に目を向け始める

混乱や葛藤を経て、わが子に目を向け始めます。「理想の子育ては無理かもしれない。でも…」とあきらめと同時に前を向く思いが芽生えます。ここまでくれば受容まであと一歩。「この子にとっての成長と幸せとは何か」と考え直し、親として生まれ変わろうとします。

新しい価値観の獲得

9 障害を受容し、支援に乗り出す

保護者が障害を受容し、子どもが支援を必要としていること、適切な支援によって伸びることを理解します。子どもに合った関わり方を探り、よりよく生きるために何が必要かなど、新たな基準で物事を考え始めます。保育者は保護者が相談しやすい関係づくりを意識しましょう。

保護者の受容を支えるために

社会福祉法人 清隆厚生会 椛沢香澄先生に聞く

保護者の障害受容を支える上で大切なことの一つ目は、目の前にいる子どもが「障害児」ではなく「〇〇ちゃん」「××くん」だということです。

目の前の子どもを見る

保護者やゆかりのある人が心を込めて付けた名前が誰にでもあります。それなのに診断名ばかりを気にして尋ねる療育関係者や園関係者が多いと感じます。それでは保護者が心を開くはずがありません。診断名ではなく、目の前の子ども自身をよく見ることを基本とすべきです。出生からこれまでの成育歴を詳しく聞くこと、得意なことや好きなことを聞いて子どもと仲よくなること、その上で今困っていることを把握すること。このような過程から、保護者は自身の子どもが受け入れてもらえたと感じ、受容につながるのです。

保護者の気持ちに寄り添う

二つ目に大切なことは、丁寧に話を聞き、気持ちを受け入れ、必要なアドバイスをくり返し行うことです。そのときに「しっかりと寄り添う」ことを忘れてはなりません。

わが子の障害を受容していると思われていた保護者でも、ライフステージや子どもの様子の変化などにより、幾度かの波を経験するといわれています。その波にその都度寄り添う必要があります。保護者が不安定なときは、子どもも不安定になります。子どもは不安を口にできないことが多いため、攻撃的になったり、泣きやすくなったりと、様々な様子の変化を見せます。このときにも、診断名からアドバイスするのではなく、環境の変化などを把握して、子どもの気持ちの変化が行動の引き金になっていることをきちんと説明すべきです。

障害のあるなしに関係なく、どんな子どもであってもそれぞれ課題を抱えており、その都度背景を把握して対応する、ということに変わりはありません。このことを丁寧に伝えることをくり返す過程で、少しずつ受容することができるようになると感じます。

支援の基本は信頼関係。
保護者に伴走するポイント

受容を支える保育者のサポート

保護者が障害を受容するまでの道のりは、平坦ではありません。信頼関係を築きながら、保育者として保護者を支えるポイントを紹介します。

POINT 1

2、3歳で発達の課題に気付き小学3年生までに受容するのが理想

3歳未満での受診は誤診の恐れがあるのでおすすめしません。理想は2、3歳頃に発達の課題に気付き、小学3年生までに受容すること。その子に合った育児・保育・教育環境を整えることが重要です。叱って改善を求めるような不適切な対応が続くと、不登校や引きこもりなどの二次障害を引き起こす原因にもなります。

POINT 2

発達の課題は「こうしたらできた！」と支援策をセットで伝える

発達に関わる保育者の気付きを保護者に知らせるときは、支援策とセットで伝えましょう。支援策を提示しない状態で気になる点だけを伝えられると、保護者は突き放されたように感じます。園と家庭で同じ目線で課題を共有し、ともに支援しましょう。

POINT 3

保護者が客観視できるように集団での子どもの姿を見せる

たとえば、個別に声をかけないと指示が理解できない子は、家庭では1対1の対応なので保護者は特性に気付きにくいかもしれません。同年齢の集団でのわが子の姿を見せた上で相談する機会を設けましょう。気になる行動が具体的に示された本や資料も効果的。専門家の指摘だと受け入れやすい場合もあります。

POINT 4

保護者と一緒に“作戦”を立てると子どもの自立につながる

子どもに困ったことが起きたら、保育者は保護者と一緒に解決策＝作戦を考えましょう。苦手なことは少しずつ慣らすなど、園と家庭でいろいろ試します。作戦には子どもも巻き込み、「どうしたらいいかな?」と自分で行動できるようにするのが目標。それが自立への一歩です。

POINT 5

卒園児の保護者とつながるピアカウンセリングの場をつくる

発達障害の子どもがいる卒園児の保護者にお願いして、ピア（peer＝仲間）カウンセリングの場を設けるのもおすすめ。少し年上の子の体験談や、就学についての経験を聞くと、現実的な見通しをイメージしやすくなります。また「私もそうだった」というひとことで肩の荷が下りることも。

POINT 6

保護者のタイプに合わせた対応を。「待つ、引く、スルー」も必要

保護者は障害受容まで混乱の渦中にいます。「敵意と恨み」の段階（38頁参照）では、攻撃的になりがちですが、それは不安ゆえの防御行動。時間をおいて声をかけてくるのを待つ、一方的な怒りは受け流すなどの対応も必要です。また、障害受容までに母親は3年、父親は7年かかるといわれています。この4年差でお母さんの孤立感が深まることが多いので、保育者が味方になって支えます。

子どもの「困った」をサポートする

「困っている子」をサポートするためには、その子に合った支援を見付けることが重要です。それぞれの障害に対する支援方法はありますが、もちろん万能ではなく、どれがその子に合うかは試してみないとわかりません。保育者はその子の適性を理解し、根気強く支援を試みて、子どもが心穏やかになれるように何度もトライしてみる必要があります。園だけではなく、外部の支援、専門的な療育を必要とする子どももいるでしょう。

保育と療育

ここで再度、園での保育と専門的な療育について理解してほしいと思います。

「保育」は、乳幼児を適切な環境のもとで、健康・安全で安定感をもって活動できるように「養護」するとともに、その心身を健全に発達させるように「教育」することです。家庭で行われている育児(子育て)も、通常、子どもの命を守り、衣・食・住の世話をする「養護」の機能と、言葉や生活に必要なことを教える「教育」の機能を併せもっていて、広い意味では「保育」といえます。ですが、現状の「要領・指針」では、「保育」は基本的に施設において乳幼児を養護し教育することであり、一般的には集団保育いわゆる施設保育のことを指しています。

一方、「療育」とは何か。療育はもともと、心身に障害をもつ児童に対して、社会人として自立できるように医療と教育をバランスを保ちながら並行してすすめることといえます。療育には「医療的な」という意味が含まれており、肢体不自由児などへの支援という通念がありましたが、近年は発達障害など発達に気になる点がある子どもへの支援も療育と呼ばれています。使われ方としては、療育と発達支援はほぼ同義語にあたり(24頁参照)、「療育に通っている」「発達支援を受けている」などと使われることが多いです。

現在は、療育は障害をもつ子どもが社会的に自立して生活できるよう、それぞれの状態に応じた支援を行って発達を促すこととなっています。18歳未満の子どもが支援の対象となります。

子どもの「困った！」…なぜ？ どうしたらいい？

こだわり・衝動・過敏・多動

気になる子どもの困った行動。行動だけにとらわれて否定的な見方をしがちです。子どもの気持ちを想像し、接し方や環境を見直すことも大切です。肯定的に受け入れることで信頼関係も生まれます。

音や光に過敏に反応する

自閉スペクトラム症の中には、ある種の音や光に敏感で、過度に反応してしまい、強い不快感や不安、恐怖を覚える場合があります。

【対応のヒント】
- 苦手な音の音量を下げたり、光をカーテンで遮ったりする。
- あらかじめ苦手な音や光が出る場所から移動しておく。
- 保護者と相談して遮音のためにイヤーマフなどを利用する。

こだわりが強い

自閉スペクトラム症特有のこだわりがあると、没頭している活動を切り上げて次の活動に移ることが難しくなり、無理にやめさせようとするとパニックになることもあります。

【対応のヒント】
- 気持ちの転換を促す（お気に入りのものを見せる、いったん別の活動に目を向けるなど）。
- 次の活動への見通しを示す（一日の予定を知らせておく、遊びのやめ方を決めておくなど）。

多動で落ち着きがない

注意欠如・多動症の特性として、様々な刺激に気を取られて落ち着きがなく集中が続かない、予想外の行動をするなどがあります。

【対応のヒント】
- できるだけ刺激の少ない環境を用意する（絵本の読み聞かせは保育者が窓のない無地の壁を背に座るなど）。
- 保育者の目が届き、離席してもほかの子の邪魔にならない最前列などに座らせる。
- 立ち歩いたとしても行動を受け入れる。
- その子の興味・関心があることやものを理解し、活動に取り入れる。

衝動を抑えられない

注意欠如・多動症には衝動性が強くなる特性があります。ルール違反を注意されたときなど気持ちの浮き沈みが激しくなって興奮を抑えられなくなる場合も。

【対応のヒント】
- 落ち着ける場所を設け、クールダウンする。
- 子どもが落ち着くまでは声をかけたり、体に触れたりせず見守る。
- 気持ちを切り替えられたらほめる。
- ルールを正しく理解しているか、絵カードなどで一緒に確認する。

＊『PriPriパレット』2021年春号（世界文化社刊）p36-45「困っている子どもの〝なぜ？〟と〝こうする！〟」［監修：永田陽子（子ども家庭リソースセンター理事）、榊原洋一（お茶の水大学名誉教授）※記事掲載順］を元に再構成しました。

困ったときの相談先と療育施設

まずは保育施設が最初の相談窓口になりたいものですが、困ったときの相談先も把握しておきましょう。47頁の相談先に加え、保健師等の乳児健診や医療機関、指導相談所、福祉事務所なども考えられます。参考までに、私の場合は専門的なことなら特別支援学校を相談先にしています。

保護者は1歳半健診や3歳児健診、あるいは園などから「言葉や発達の遅れ」を指摘され、そこから行政につながる例は多くあります。通常は専門的な発達検査を受け、地域の児童発達支援施設（療育センター）とつながり、詳しく検査できる医療機関を紹介してもらうことになります。保護者の意向や医師の判断により、検査をせず様子を見る、検査結果はグレーなので待つなど、療育に進まないケースもあります。療育を受けるまでの一般的な流れは市区町村により多少の違いはありますが、おおむね次の通りです。

通所サービスの受給者証取得の手続き

1　市区町村の窓口に相談に行く→通いたい施設を決める→施設の空きの確認→説明を受ける→利用の内諾

2　市区町村に申請→調査→会議を経て→受給者証の交付→障害児支援利用計画→月の支給量（利用日数）決定

3　施設との契約→ここでは受給者証、障害児支援利用計画が必要

療育施設、事業所等

療育の必要があると診断されると、療育施設を探さなければなりません。市区町村の福祉窓口で相談したり、保護者自らが検索したりして、子どもの特性に合った事業所を選ぶ必要があります。子どもの生きづらさの緩和とともに、保護者にとっても、相談したり安心できたりする場所になるはずです。

乳幼児期の子どもが通うところとしては、医療機関での療育、児童発達支

援センター（福祉型、医療型）、児童発達支援事業所、行政による言葉の教室、民間の各種療育ビジネス等があります。

小学校以降は放課後等デイサービスがあり、身体障害など自宅での生活が困難な子どもには、入所して療育を受ける福祉型障害児入所施設や医療型障害児入所施設があります。保育所等訪問支援事業も有益ですし、自宅で療育を受ける「居宅訪問型児童発達支援」、療育ではありませんが特別支援学校の幼稚部で寄宿舎があるところもあります。

・〈児童発達支援センター・児童発達支援事業所〉障害のある未就学児0～6歳対象。集団生活での適応支援。小学校入学前の障害児のための施設（48頁参照）。

・〈放課後等デイサービス〉障害のある児童・生徒（小・中・高）6～18歳対象の施設。日常生活能力の向上に向けた訓練、集団生活での適応支援など。放課後や土曜日、夏休みなどの休校日を利用し、必要な訓練や創作活動、作業活動、地域交流などを行います。放課後の居場所づくりの役割も担い、ニーズが増えています。

・〈福祉型障害児入所施設〉障害のある18歳未満の子どもが入所できる施設。家庭での養育が困難な子どもの保護、食事・入浴・排せつなどの身体介護や、日常生活を送る上で必要な技能訓練、知識の習得などの支援を行います。

・〈医療型障害児入所施設〉福祉型障害児入所施設の機能に加えて医療も提供する施設。治療や看護、医学的な管理のもと、食事や排せつ、入浴などが行われます。

・〈保育所等訪問支援〉障害のある子どもが集団生活に適応するための支援。障害児支援の知識をもつ児童指導員や保育士が保育施設や学校を訪問し、児童を直接支援しながら施設スタッフへの技術的な指導・助言を行います。

・〈自宅で療育を受ける「居宅訪問型児童発達支援」〉自宅で日常的に医療を必要とする医療的ケア児や重症心身障害児が対象。日常生活に必要な基本的な動作の指導や生活能力向上のための訓練を、自宅で遊びを取り入れながら行い、発達を促していくものです。看護師や理学療法士、作業療法士などの専門職が個別プログラムを用い能力を向上させます。

就学支援は就学手続きと親子関係見直しの両輪で

年長さんになると小学校入学への対応がやってきます(50頁参照)。

(50頁参照)

年長の初夏(市区町村によって異なる)になると、保育施設が教育委員会に「教育支援に関する調査票」を提出する時期になります。この間、保護者は養育の方針、合理的配慮、日常生活、その後の進路など、就学に対する不安が多くなります。それに対して「地区就学相談・教育相談会」や特別支援学校等で相談窓口を設けています。

いずれにしても、子どもの可能性が最大限発揮されることが最優先です。相談先も保育施設も、もちろん保護者も、これを前提に切れ目ない豊かな支援の仕組みを検討したいものです。

よりよい親子関係構築のために

私は個人的に、年長児のこの時期にもう一度やり直せる部分がないか、子どもと保護者に対して保育施設がもうひと踏ん張りの支援をするときだと思っています。よりよい親子関係が人間関係の基礎です。愛着障害を併発しないために再度配慮をしていくことが、大事な就学支援になると感じています。

ひとつ紹介したいのが「ペアレント・トレーニング」です。ペアトレは、厚生労働省の「発達障害児者及び家族等支援事業」のひとつです。発達障害児の保護者や養育者が子どもの行動を理解し、発達障害の特性をふまえたほめ方や指示の仕方、子どもの不適切な行動への対応や行動が起きる前の工夫の仕方などを学ぶための支援事業です。

ペアトレは、研修を受けたスタッフとともに少人数のグループで行います。1回のセッションは1~2時間。数週間から数か月にわたって実施されます。ほかの子の親と子育ての悩みを語り合う場や、子どもとポジティブに関わるためのスキルを提供してくれます。

実施主体は自治体や医療機関、民間事業所など様々ですが、十分な情報提供や実施体制が整っていないのが現状です。まずは地元の子育て支援センターや子育て支援課などに相談してみるといいでしょう。

悩める保護者を迷子にしないために

知っておきたい相談先ガイド

子どもの発達相談や家庭支援に対応する専門機関は複数あります。どこに行けばどのような相談ができ、支援が受けられるのか。必要な情報を保護者に伝えられるよう整理しておきましょう。

1 子ども家庭支援センター（子育て支援センター）

最初の窓口として

地域の子育て全般に対する支援を目的とした施設。市区町村（特別区）ごとに設置されています。保育士や看護師が常駐し、0歳～18歳未満の子どもと家庭に関するあらゆる相談に対応。利用者同士が交流できる催しもあり、子育てに関する情報交換の場にも。

保護者や家庭環境に困難な事情がある場合

2 保健所 保健センター

最初の窓口として

乳幼児健診や保健指導など、地域住民に保健サービスを提供する施設。保健師、栄養士、理学療法士などの専門家を配置して、乳幼児の健康相談のほか、子育てに関する様々な相談に応じます。保健所は都道府県、政令指定都市、中核都市に、保健センターは市区町村に設置されています。

3 児童発達支援センター

最初の窓口として

支援が必要な子どもやその家族への相談や支援を行う施設。保育士、看護師、臨床心理士、言語聴覚士、理学療法士などの専門相談員を配置。発達相談のほか、発達状況に応じた療育、障害児に対しての放課後等デイサービスや相談支援、保育施設への専門的な支援も行います。

4 児童発達支援事業所

明らかに障害が認められる場合

発達に課題があると認められた、おもに未就学児の通所施設。保育士、臨床心理士、言語聴覚士、理学療法士などが子どもの必要に応じた療育を行います。

5 市区町村の子育て支援課

子育て全般に関する自治体の総合的な窓口。保育サービス、家庭支援などに関するアドバイスを行います。

6 発達障害者支援センター

地域の中核的な支援施設。社会福祉士、臨床心理士、言語聴覚士などが、障害児（者）や家族、関係機関からの要請に応じて、支援を行います。

7 保育所 幼稚園 認定こども園 など

集団の中で子どもを見守るので、保護者より先に発達の遅れに気付くことがあります。保護者からの最初の相談を受けやすく、一緒に園での対応を考えたり、必要に応じて専門の相談窓口を紹介したりします。

療育を提供する施設は「事業所」と「センター」

「児童発達支援」は、主に6歳までの未就学児を対象にした障害児通所支援のひとつです。小学校以降は「放課後等デイサービス」となります。

障害があり療育の視点から見て支援が必要だと考えられる子どもが対象です。2012年にできた通所サービスの制度で、障害をもつ子どもたちが、自分の暮らす地域で支援や療育などのサービスを受けやすいようにつくられました。基本的には「児童発達支援事業所」と「児童発達支援センター」の2種類があり、提供しているサービスは大きく分けて「児童発達支援」「保護者への支援」「地域支援」の3つです。

児童発達支援事業所と児童発達支援センター

児童発達支援事業所は、地域の身近な療育の提供場所として障害児やその保護者が通いやすいように設けられており、この数年大変増加しています。

児童発達支援が主な業務で、障害をもつ子どもに対し、児童発達支援管理責任者（以下、児発管）を中心に個別支援計画を作成して自立していけるように手助けします。児発管は、子どもが福祉サービスを利用する際に提供するサービスを管理する専門職です。児童発達支援事業所では常勤で1名以上の配置が定められています。また、事業所によっては「地域支援」「保護者への支援」に力を入れているところもあります。

児童発達支援センターは、児童発達支援事業所が提供するサービスに加え、訪問支援や障害児支援利用計画の作成などの地域支援を行います。規模がより大きく、場合によっては児発管に加え、言語聴覚訓練や理学療法訓練などの機能訓練を行う専門職がいます。また、地域内の事業所に対して支援を行ったり、居宅訪問型児童発達支援などの訪問サービスを提供します。

児童発達支援事業所、児童発達支援センターとも療育を行うという点で違いはありません。どのような支援体制や内容かは、子どもの状況、事業所によって異なります。自立のために効果的な様々なプログラムが計画実施されているので、通う前にいくつかの施設を見学して支援内容を説明してもらい、子どもが安心して通えそうか、確かめてみることをおすすめします。複数の事業所を利用する、また、その事業所を週に何回利用するかも計画して決められていきます。保育施設から通うことができます。

療育の目的は、障害のある子どもの発達を促し自立して生活できるよう支援することです。定期的に通って療育という支援を受けることで、日常生活に必要な基本的生活習慣を確立し、自立のために必要な動作や技能知識などを習得します。また、事業所の職員とのコミュニケーションを通して集団生活への順応を促すことができます。

療育施設は、保育施設・特別支援学校・小学校等と連携を取りつつサービスを行います。何よりもそこには保護者支援や家庭支援があるべきだと思います。

必ずしも身体障害者手帳や療育手帳、精神障害者保健福祉手帳を所持している必要はありません。医師や市区町村保健センター、児童相談所などから療育の必要性があると認められれば対象となる自治体が多くあります。子どもにとって早期支援の必要性があれば、また困っている保護者がいたとすれば、是非とも、事業所に相談してほしいと思います。保育施設はこうした情報の収集にも努める必要があります。

3歳以上は幼児教育・保育無償化の対象

幼児教育・保育の無償化により、3歳以上は児童発達支援事業を利用する場合も無料です。また3歳未満の場合は、所得に応じて利用料が発生するので、詳細は事業所に問い合わせてみましょう。

なお、児童福祉法に基づく「児童発達支援センター」「児童発達支援事業所」「放課後等デイサービス事業所」では「通所受給者証（受給者証）」が必要です（44頁参照）。

就学先が決まるまでの
スケジュールを知っておこう

就学相談の流れ

翌年4月に就学する子どもで特別な支援を必要とする、または、保護者が就学先に迷っている場合は就学相談を受けられます。大まかな流れを把握し、申し込みの時期など、保護者に説明できるように準備しましょう。

4月（年長）

就学相談説明会

自治体によって異なりますが、教育委員会が説明会を開いたり、就学相談のしおりを配布したりします。必ず自治体ごとに確認して保護者に情報を提供しましょう。

5月

就学相談申し込み＆面談

自治体の相談窓口に保護者が申し込みます。11月頃まで随時受付のところもありますが、面談や見学などのスケジュールを考えて早めに申し込めるようサポートを。

在籍園での行動観察

集団生活の様子を把握するため、保護者の了解のもと、担当者が在籍園を訪問します。

医療相談

学校生活で医療的な配慮が必要かなどを判断するため、医師が診察や面談をします。

発達検査

子どもの教育的ニーズを正しく把握するため、必要に応じて実施されます。検査の内容は面談で相談します。

6月

学級・学校見学・体験

様々な教育形態や特徴を知るため、特別支援学級や特別支援学校の説明会、見学会、体験等に保護者が申し込みをします。申し込み先や時期、内容を確認しておきましょう。

面談の疑問に答えます

Q1 面談は誰が担当するのですか

自治体の特別支援教育センターや教育委員会の職員または就学相談の専門員です。いずれも教員経験者で教育や児童発達支援の専門家です。

Q2 面談時間はどのくらいかかりますか

面談は一律ではなく、保護者の希望に応じて時間や回数を調整します。自治体により複数回の面談を行う場合もあります。

Q3 面談内容は園に報告されますか

就学相談の申し込みや面談の内容について園には知らされません。園に確認が必要な場合は保護者の同意のもとに行います。

10月

就学時健康診断

翌年4月に小学校入学予定のすべての子どもを対象として、自治体が実施する健康診断です。この結果で、就学相談をすすめられる場合もあります。

11月

教育支援委員会で検討

医師や校長、教員や心理の専門家などが子どもの発達の特性を理解し、必要な教育的ニーズを整理し、適切と思われる就学先を話し合います。就学先の判断は最終的に市町村教育委員会が行いますが、保護者への情報提供や意見の確認を十分に行うことが文部科学省から求められています。

12月

保護者への報告・相談

教育支援委員会で話し合った内容や判断を保護者に伝えます。その判断に保護者の同意が得られなければ、さらに相談を続けます。

1月

就学先決定

就学先は4つ。
①通常の学級
②通常の学級＋通級による指導
③特別支援学級
④特別支援学校小学部
（詳しくは53頁参照）

4月

入学

就学相談は入学後も進級、転籍、進学などで行われることもあります。

Q4

事前に用意するものはありますか

母子手帳や療育手帳、医師の診断書や意見書、発達検査の結果などがあれば持参します。事前に一定の書式への記入を求める自治体もあります。

Q5

就学先に迷っている段階でも構いませんか

希望する就学先が絞られていなくても構いません。子どもの様子を見ながら面談者と意見交換し、必要な支援が期待できる就学先を決めます。

※面談は必要に応じて5月～10月頃に実施。

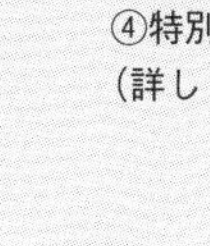

就学相談のスケジュールはあくまで目安です。また、自治体によって説明会や窓口の呼称が異なる場合がありますので、必ずお住まいの自治体のホームページなどでご確認ください。

高い専門性で自立を支援する特別支援学校

特別支援学校、とりわけそこで働く先生方のプロ意識やスキルの高さは素晴らしいと感じています。個人的にもたくさん指導をしていただいています。その上でひとつ提言があります。

特別支援学校への理解を進める

現在の特別支援学校という名称ですが、以前は、視覚障害教育を行うのが盲学校、聴覚障害教育を行うのが聾《ろう》学校、そして肢体不自由の障害や知的障害児が通うのが養護学校でした。幼稚園から小・中・高校の年齢の児童が通うという点は現在と同じで、1979年に設置が義務付けられ、すべての都道府県に最低ひとつは養護学校が設置されました。その後、2007年に特別支援学校と名称変更されました。しかし、イメージは養護学校のままです。なぜなら、変更後も学校名に昔の呼び名の「養護学校」を使っているところが多数あるからです。特別支援学校は多くの「困っている児童」を適正に学習支援できる最良のところだと考えますが、それがうまく伝わらない一因になっています。

とくに、将来を見据えた支援、キャリア教育、自立を目指した関係機関との連携を考えたときに、特別支援学校の存在は大きい。保育施設と児童発達支援事業における就学前までの支援、その後の学校と放課後等デイサービスとの関係も重要ですし、こうした連携がスムースに質高く維持されることが必要です。インクルーシブ教育や架け橋プログラムにおいて障害児のことを考える助けにもなります。個々の特性をいかすための支援に対する理解を進め、人的・物的環境を整え、集団の中での特別支援といった教育改革を進めるためにも、特別支援学校の専門性はきわめて重要です。

名称に関しては、保育施設も名称で勘違いされることはよくあります。幼保連携型認定こども園であるにもかかわらず、○○幼稚園、××保育園という園もあります。名称を統一することで特別支援学校や幼児教育を担う保育施設が一般の方にも理解されやすくなると感じています。

特別支援教育の選択肢は4つ。
自治体ごとに情報を集めよう

就学先はどんなところ？

発達障害の診断がついた場合も、そうでない場合も、適切な時期に必要な支援を受けることで、負担が少ない学校生活を送ることができます。

就学先 1
通常学級

集団での一斉授業が前提 わかりやすい授業を工夫

通常学級でも特別支援教育は受けられます。すべての公立学校等で、障害のある児童への必要に応じた「合理的配慮」が義務化され、子どもの特性に応じたわかりやすい授業を行うなど、支援の取り組みが進んでいます。

就学先 2
通級

週に1～2度、通常学級から通う

通常学級に在籍する子が、週に1～8単位時間だけ、別教室でその子の障害特性に応じた個別指導が受けられます。苦手なことについてきめ細かな指導が期待できます。在籍校に通級がない場合は近隣校に通うことができます。

課題に応じた個別指導やグループ指導

個別の教育支援計画に基づき、学習面や生活上で苦手なことを改善する技術を学びます。課題に応じて個別・グループで指導を行います。対象は発達障害、言語障害、視覚・聴覚障害、肢体不自由、病弱および身体虚弱などの児童。

就学先 3
特別支援学級

少人数学級で個別のニーズに合った教育

個別ニーズに合った教育を目的とした1クラス8人以下の学級。対象は発達障害、言語障害、視覚・聴覚障害、肢体不自由、病弱および身体虚弱など。学年別、学習進度別に分かれ、通常学級より少ない人数で手厚い支援が受けられます。

通常学級での交流授業や共同学習も

同じ学年の通常学級を交流学級として、音楽・図工・体育など特定の授業や、給食・行事をそのクラスで行います。通常学級の児童と日常的に交流できるので、「交流級」とも呼ばれます。

定員オーバーの場合、一定の条件がかかる場合も

すべての小学校に特別支援学級があるわけではありません。なければ近隣の小学校の学級に通うことになります。希望者が多くて入りにくい市町村もあり、一定の条件で可否を判断する場合も場合も。

就学先 4
特別支援学校

障害の程度による就学基準あり

視覚・聴覚障害、知的障害、肢体不自由、病弱・身体虚弱などで障害の程度が比較的重い子どもが対象です。障害に対する専門性の高い教員がいて、施設も充実しています。知的障害の場合は、就学相談での聞き取りや発達検査などで身辺自立に支援が必要かを判断します。

自立に向けての支援に重点

卒業後の長い人生を見据えた、自立を促すための教育を行っています。教育・福祉・医療・労働などの関係機関と連携して「個別の教育支援計画」を作成し、きめ細かな支援計画を立てます。高等部になると、社会に出たときに必要な知識や技能についての学習や就職につながる作業学習が増えます。

就労を重視した高等特別支援学校

小学部、中学部、高等部が併設されていることが多い特別支援学校のほか、高等部単独で設置された高等特別支援学校があります。一般企業に就職できる可能性が高い生徒に対して、就労に重きを置いた教育を行っています。

小学校を卒業したらその先は？ 大人になったら？

将来への見通しマップ

小学校、中学校、その先は？ 見通しがあれば保護者の不安も軽減されます。選択肢は様々。その子にとってベストな道を考えていきましょう。

〜6歳

保育所

幼稚園

こども園

※1 主に不登校児を対象とする民間施設。安心できる「居場所」を提供し、社会的訓練や学習支援によって社会との接点を維持強化します。義務教育課程の子どもであれば、地元の小中学校に籍を置いたまま通えます。

〜12歳

公立小学校

- 通常学級
- 通 級
- 特別支援学級

特別支援学校（小学部）

私立小学校

フリースクール ※1

〜15歳

公立中学校

- 通常学級
- 特別支援学級
- 通 級

特別支援学校（中学部）

私立中学校

フリースクール

〜18歳

高等学校（公立・私立）

- 全日制／定時制／通信制
- 普通科／専門科（工業・商業・音楽等）
- 単位制
- 技能連携校※2
- チャレンジスクール ※3（東京都の場合）

特別支援学校（高学部）

高等特別支援学校

フリースクール

※2 各都道府県の教育委員会が指定した教育施設。商業、工業、家庭（調理・服飾など）といった就業に直結する専門科目を学びます。同時に、通信制高校や定時制高校などで国数英など高校普通科目の単位を取得し、高校卒業の資格を得ることができます。

18歳〜

進 学

四年制大学

短期大学

専修学校

職業能力開発校 ※4

※3 小中学校時代に不登校や不適応経験をもつ生徒のための高等学校。午前部・午後部・夜間部の3部制。授業は各部4時間。4年卒が基本ですが他部履修により3年での卒業も可能。

※4 都道府県が設置する職業訓練施設。訓練期間は半年〜2年ほど。実習を多く取り入れた少人数の訓練方式で、就業に必要な専門知識と技能の習得を目指します。自治体によって呼称が異なります。

就 労

一般就労

- 障害者雇用
- 正規雇用／非正規雇用
- 一般雇用

福祉就労 ※5

起 業

フリーランス

※5 障害の程度により一般就労が難しい方が、就労支援サービス等を受けながら働く働き方。

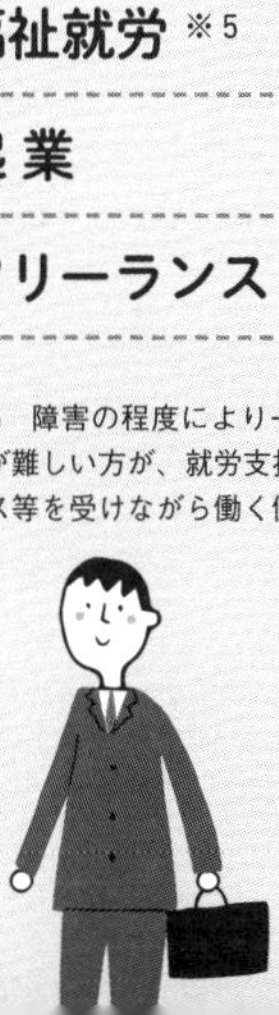

「発達支援」実施園・事業所に学ぶ

障害児保育 事例研究

幼稚園の取り組み

1番目は、東京都武蔵野市にある学校法人武蔵野東学園第一幼稚園・第二幼稚園です。園長は加藤篤彦先生。こども家庭庁の委員を始め、様々な要職を歴任されています。園は50年以上の実績をもつ健常児と自閉症児がともに学ぶ「混合教育」を実施しており、インクルーシブ教育の草分け的存在です。その運営実績としては、小学校、中学校、高等専修学校を擁するばかりか、アメリカ・ボストンにも姉妹校があるほどです。

認定こども園の取り組み

2番目は、熊本県熊本市の社会福祉法人三澄会幼保連携型認定こども園くほんじこども園です。園長は矢野理絵先生。保育総合研究会副会長を務め、「サポートブック」シリーズなどの執筆陣でもあります。小規模保育所「ブルービーの森」、子育てアンテナカフェ『Ｂｅｅ ｃａｆé』も運営。「大きな家の小さな集団」と称して、3歳未満児の担当制、3歳以上の異年齢児保育を展開しています。また、矢野先生自身が障害に精通しており、園内で障害児保育を展

開している障害支援のスペシャリストです。

児童発達支援事業所の取り組み

3番目と4番目は私のところの児童発達支援事業所です。

まずは青森県青森市にある児童発達支援事業所toi toi toiとtoi toi toi 2ndの2か所です。児童発達支援管理責任者(児発管)は椛沢香澄先生。こども園の園長経験もあり、今回この章のLesson02と03を執筆しています。

4番目は、青森県下北郡東通村の幼保連携型認定こども園こども園ひがしどおり内の児童発達支援事業所TAOTAO。こども園内に事業所を設けるという一体型を日本で最初に行った事例です。児童発達支援管理責任者(児発管)は田畑栄利子先生。主幹保育教諭のほか、ピアノ教室の先生でもありました。園内に設置されているので、事業所の部屋の中でこども園の先生と一緒に支援できるほか、平素から園の先生方と濃密な打ち合わせをすることができるというのは、今までにないメリットです。ありそうでなかった有意義な仕組みです。

株式会社の取り組み

最後の5番目は、三重県鈴鹿市にある株式会社エンジョイです。社長は岩田貴正氏。岩田氏は子どもの総合的福祉に関するスペシャリストのひとりであり、私の師匠格です。今回はほんの一部しか紹介できませんが、事業内容だけでも障害児通所支援事業、相談支援事業、高等学院運営、フリースクール運営、保育所等訪問支援事業、共同生活援助(グループホーム)、就労継続支援事業、短期入所事業を行い、施設数は20か所にも及ぶなど、多種多様なサービスを展開し、地域のニーズにこたえています。

事例研究（1）幼稚園の取り組み

自閉症児と健常児がともに学ぶ「混合教育」

学校法人 武蔵野東学園 第一幼稚園・第二幼稚園園長 加藤篤彦先生に聞く

「園には、全学年に〝通常クラス〟と自閉症児が在籍する〝少人数クラス〟を用意しています。少人数クラスでは、子どもが安定して園生活を過ごし、生活習慣など様々なことを習得できるよう、自閉症児の特性に配慮した環境と個々の特性に応じたきめ細かな保育を設定しています。安定して穏やかに過ごすことで、自閉症児も、ゆっくりですが確実に成長することができるんです」(加藤園長／以下同)

自閉症児は「少人数クラス」、健常児は「通常クラス」に所属し、ベースとなる生活の場は異なります。しかし、園生活の中では日常的に両クラスの交流が行われ、自分のクラスはもちろん、交流クラスの子との絆も深めていきます。安定して園生活を過ごす子どもたちの笑顔はみんな生き生きと輝いています。

安心して過ごせる場所は子どもが育つ場所

混合教育といっても、ただ健常児と自閉症児を一緒にすることでよい結果が得られるわけではない、と加藤園長はいいます。「少人数クラスという安心できる場、自分のペースで育つことができる場があるからこそ、健常児との交流の中で受ける刺激を吸収し、さらなる成長へと昇華することができるのです」

自閉症児が不安や緊張を感じず、落ち着いて過ごせるように、少人数クラ

スの保育室には視覚支援を用いた活動手順のポスターや日課表を掲示したり、過剰な刺激で気が散らないように保育室の環境をコントロールできる工夫をしたりしています。また、少人数クラスの隣には通常クラスの子が自由に出入りできる〝なかよしルーム〟を配置。両クラスの子の交流が自然と生まれるなかよしルームは、園の特色でもある「混合教育」の要の場になっています。

自然と認め合える関係性 通常のクラスとの交流を頻繁に

自閉症児は10名前後の少人数クラスに属しますが、健常児が在籍する通常のクラスとの交流も頻繁に行います。個々のスキルを高めることだけが目標ではありません。自分のクラスの友だちと、またほかのクラスの子どもたちとも気持ちよく生活する中で、将来の社会的な自立へと向かう力を養うための取り組みなのです。

子どもたちの関係がより深まるよう、交流クラスは1年間固定されている、といいます。「毎日、当たり前に一緒に生活するからこそ、子どもにとって多様性は当たり前のものになります。当たり前に認め合えるところから、相手の気持ちを想像し、思いやる力が育ちます」。

指導計画 ー保育者と保護者との協働ー

1年間の保育は大まかに4期に分かれています。期ごとに個人懇談などの面談や個人教育目標などのアプリでのやり取りを通して、保護者と保育者の間で、子どもの課題や目標、成果が共有されます。教育は、幼児と保護者、保育者が「三位一体」であってこそ、より高い効果を生むといわれています。「保護者と保育者が、子どもにこう育ってほしいという姿を共有し、子どもの園での姿、家庭での姿を絶えず伝え合い、子どもに寄り添う」。武蔵野東第二幼稚園の教育の基本理念です。

事例研究（2）認定こども園の取り組み

子どもの行動理解を深める障害児対応

社会福祉法人 三澄会幼保連携型認定こども園 くほんじこども園園長 矢野理絵先生に聞く

本園での障害児支援で主に取り組んだことは、①TEACCHプログラム、②ソーシャルスキル、③感覚統合です。

自閉症児など視覚的な支援が優先される子どもに対しては、アメリカのショプラー教授の「コミュニケーションに障害がある子どもたちやその家族に対する包括的対策TEACCHプログラム」をノースカロライナ大学精神科臨床教授であった故佐々木正美先生の教えにより取り入れることができました。

また、とくに周囲に理解されにくい情緒の障害では、ソーシャルスキルを習得できるような支援や対応法を臨床心理士による指導や研究会で学んでいます。

さらに、月に1回感覚統合の作業療法を実施し、それぞれの子どもの感覚の違いを保護者も含め周りの大人が理解することを目指しています。

園内で特別支援室へ通級

園内での支援としては、長時間、保育室にいるのではなく、通級として特

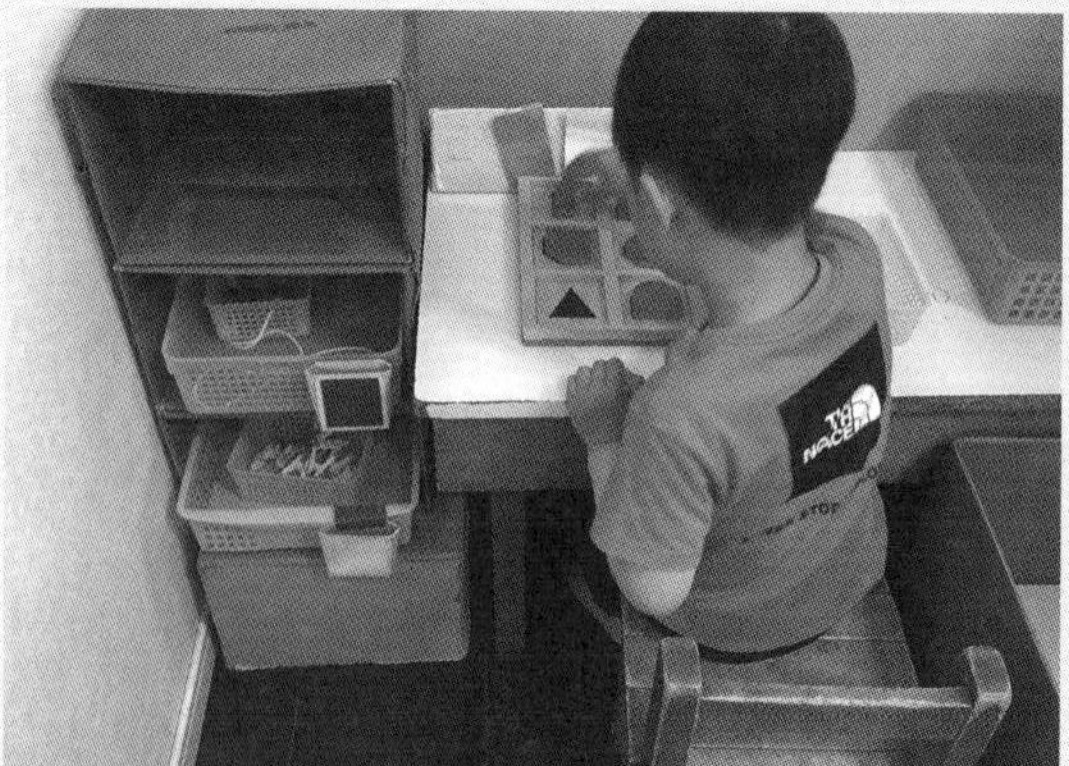

通級による特別支援室での子どもの様子

別支援室を利用しています。気持ちの「切り替え」を行うことが目的です。日課として、通常の保育に通級を取り入れているのです。

特別支援室では、個別目標による自立課題に毎日同じ時間、場所、方法で取り組むといった情報を視覚化しました。応用として、登園時から一日の一連の動作や非日常の行事も、カードによるスケジュール提示や実物を提示することで無理なく実行できています。

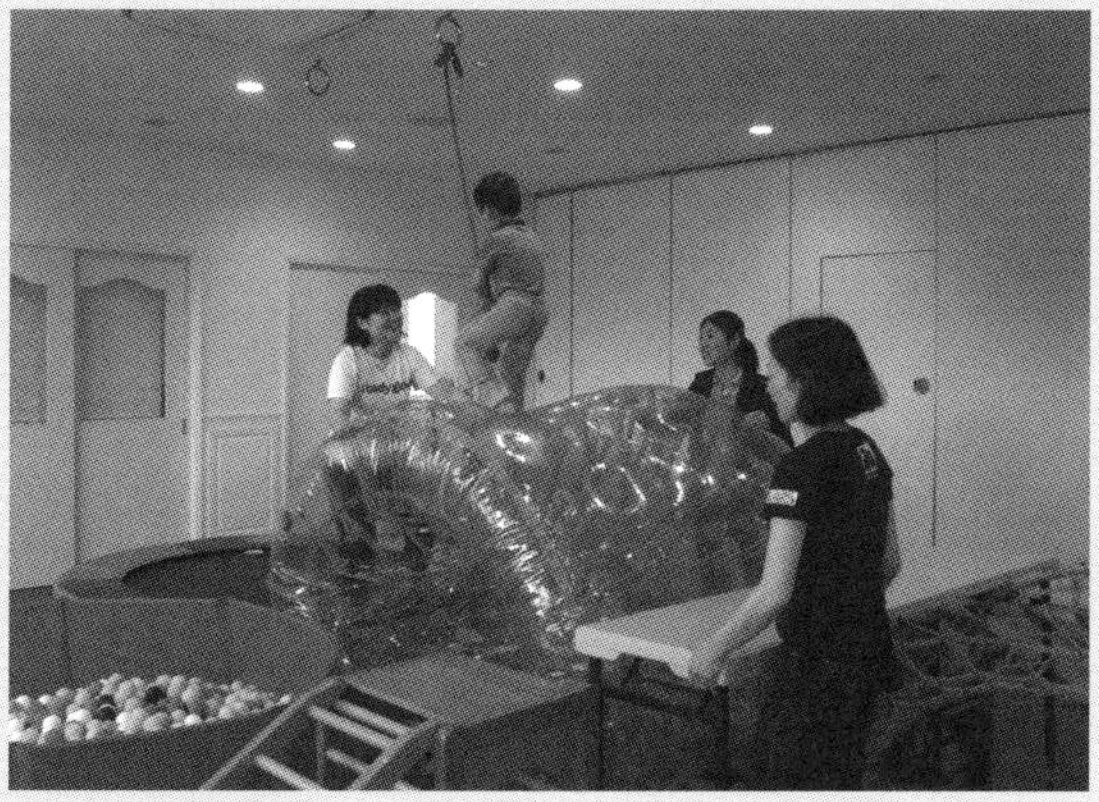

感覚統合活動の様子

年中児になると、一日の振り返りを絵で表現します。午前中の保育でなぜ怒ってしまったか、どうしたらよかったかを一緒に考えます。絵も最初は荒々しく、感情だけの線だったりもしますが、年長児後半には物事をきちんと意味付け、表現できるようになっていきます。

感覚統合活動

また、感覚統合についても、感覚統合療法認定講習会により認定を受け、個別のアセスメント方法を学びました。感覚統合は保育者にとってわかりやすいアセスメントであり、子どもの気持ちにも寄り沿いやすいように思います。このアセスメントをふまえ、発達支援計画に子ども本人のニーズに応じた「支援目標」を設定します。それを達成するために必要な支援について、「発達支援（本人支援および移行支援）」と「家族支援」で分けた支援内容から適切な項目を選択し、具体的な内容を設定していきます。

学ぶことにより、できないことの矯正や訓練をするのではなく、指導から支援へ、できるところに注目してその子の能力を発揮できるように関わるという方向に変わっていきます。特別支援教育は「特別なものではない」、そのような理解が進むことを願っています。

事例研究（3）児童発達支援事業所の取り組み

できる→ほめられる→自信をもつ

児童発達支援事業所toi toi・toi toi toi 2nd児童発達支援管理責任者　椛沢香澄先生に聞く

トイトイトイがもっとも大切にしているのは、それぞれの子どもを「ひとりの人間として尊重すること」です。

次に大切なことは、「課題をきちんとこなし、自信をもつこと」です。決められたルールを守る、大人の指示を聞いて課題を行う、一定時間座って課題を行う、気持ちに折り合いを付ける、見通しをもつなど、その方法がわからずに困っている子どもに対して、毅然とした態度で接します。毅然とした態度=厳しい態度ではありません。わかりやすく指示を出す、子どもの言葉に左右されずやるべき課題を淡々と与え、できたらほめる、そのくり返しです。

課題の内容は個々の支援計画に沿って、教材も様々です。指先の発達を促す、言葉を引き出す、コミュニケーションの方法を身に付ける、ルールを守るなどの目標達成を目指します。

トイトイトイでは、この課題をこなすときに設定を使い分けています。①大人と1対1、②大人1人と子ども2~3人、③大人1人と子ども6~7人、この3つです。①と②は、年齢や発達段階、その日のコンディションを見て使い分けます。まだ言葉が不十分な場合や友だちがそばにいると指示が通らない場合は、1対1で言葉を増やすための課題を行ったり、話を聞くトレーニングを積んだりします。①ができるようになれば、友だち2~3人と一緒

トイトイトイ。ドイツに古くから伝わる、“今日一日がうまくいく”おまじないの言葉。

に同じ課題に取り組みます。コミュニケーションを取ることやルールを守ることが苦手な場合は、協力する、順番を待つ、応援するなどのシチュエーションをつくり、楽しみながら人との関わり方を学べるようにします。

それができたら、6～7人の友だちと一緒にゲームやクイズを行います。この時間には、「勝負をする」ということも含まれます。負けても泣いたり怒ったりしない、次を頑張る、相手の勝ちを喜ぶなど、「負けを受け入れる」練習をします。園のクラスでは20人程度いることからゲームを楽しめないこともありますが、6～7人ならば自分で気持ちをコントロールしたり、大人に手伝ってもらったりしながら楽しむことができます。園生活ではうまくできないことも、「トイトイではできる」と感じることから始めています。「できる→ほめられる→自信をもつ」のくり返しが子どもたちを確実にいい方向に導いてくれます。

3つ目に大切なことは、子どもの「好き、得意を利用すること」です。好きなことや得意なことは、苦手なことを助けてくれます。ですからトイトイトイでは、好きなことや得意なことをする時間を保障しています。

最後に大切なことは、子どもを取り巻く大人が同じ視点で暮らすことです。保護者、園の先生、トイトイの保育者、最低でもこの三者が同じ方向性をもって子どもと接するようにしています。そのために①毎月の保護者面談、②園の先生との電話でのやり取り（必要に応じて園訪問）、③トイトイが発行する一人ひとりの子どものドキュメンテーション（写真と文章で子どもの成長や園の取り組みの意図を伝える）を保護者と園に配布、④トイトイトイの保育者間での意見交換、この4つを大切にしています。

また外部の療育コンサルタントや絵画指導の先生方にも協力いただいています。それぞれの子どもにとって、自分を認めて応援してくれる大人がたくさんいることは、これから先の人生で大きな糧となると信じています。

事例研究（4）園の空き教室を活用した取り組み

園と事業所が連携した子ども本位の支援体制

幼保連携型認定こども園 こども園ひがしどおり内 児童発達支援事業所TAOTAO

私も委員であった厚生労働省の「地域における保育所・保育士等の在り方に関する検討会」（2021年12月20日）取りまとめ概要では多機能化等への支援として、子育て負担を軽減する目的の一時預かり事業利用の促進や、保育所に通っていない乳幼児を週1～2回程度預かるモデル事業などが提言されました。

園内に事業所開設
職員の交流も可能に

多機能化に先立って実施されたのが、保育所等の空き教室を活用した、園との一体的な支援が可能な児童発達支援事業所の開設です。この検討会の取りまとめ後の開設は、一体型の施設としてはTAOTAOが全国で最初になりました。これが可能となった背景には、村や教育委員会、福祉課、隣接する小学校など、行政や学校、地域が一体となっての大きな支援がありました。また、法人職員全体で研修に励んだことも大変有意義なことでした。

実際に開設すると、療育の内容よりも、もともとの運営費の脆弱さ、園内での指導を行うにあたっての従来の財政的支援の不合理さには考えるところが多くありました。これまでは、同じ施設に通っているにもかかわらず、児童発達支援事業所に通っている子どもを園の保育室で保育することはできず、また、事業所側の先生が園の子どもを支援することもできなかったのです。

2022年12月26日、厚労省から「保育所等におけるインクルーシブ保育に関する留意事項等について」が出されました。それによって、保育所・事業所双方が施設を共有できるとともに、

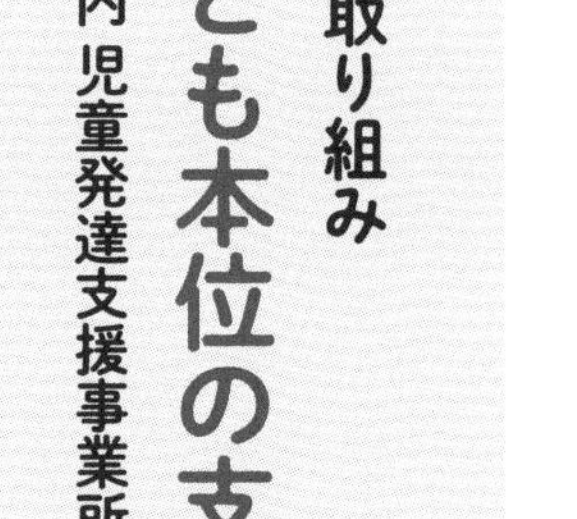

先生方も双方の子どもを支援できるようになりました。さらに厚労省では児童福祉法の一部を改正して園内での療育活動の幅を広げました。

これにより事業所の先生方は、次のことが可能となりました。

（1）事業所の部屋での個人への支援
（2）事業所小集団での支援
（3）保育所等訪問支援事業所としての園の先生方への支援
（4）事業所の先生が園の部屋に行っての直接支援
（5）園の先生と事業所の先生が共通して通っている子どもたちの話し合いを平素から行う

（4）と（5）など当たり前のことですが、それまでは仕組みとしてはありませんでした。改正の結果、今まではやりたくてもできなかった支援が可能となりました。たとえば、園の集団の中では少しうまくいかない子どもも、事業所なら一人ひとりへの対応が可能なので、うまく活動できたりします。でも、園に戻るとまたうまくいかないといったことも起こります。子どもへの対応について同施設内で頻繁に話し合い連携できれば、このようなことも改善できる可能性があります。障害の有無にかかわらずインクルーシブ保育を進める方式としては、今後期待できる仕組みだと考えます。

保育所と児童発達支援事業所が同一施設で保育・療育を行うイメージ

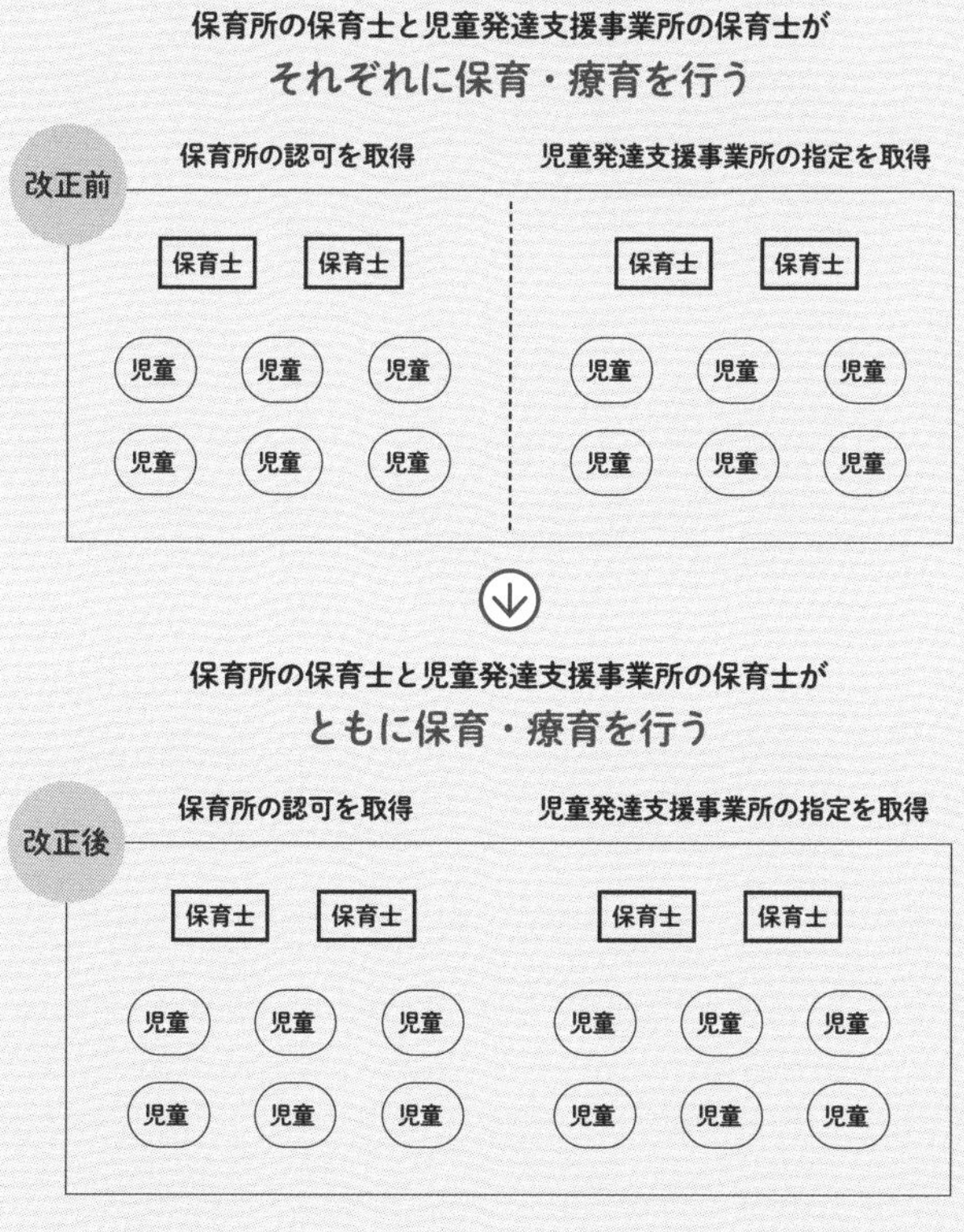

事例研究（5） 福祉サービス事業所の取り組み

子どもの発達支援・家族支援・地域支援が三本柱

三重県鈴鹿市 株式会社エンジョイ社長 岩田貴正氏、児童発達支援管理責任者 志村直子先生に聞く

児童福祉法に基づく施設

児童福祉法第6条の2の2第2項の規定で、「児童発達支援とは、障害児につき、児童発達支援センターその他の内閣府令で定める施設に通わせ、日常生活における基本的な動作の指導、知識技能の付与、集団生活への適応訓練その他の内閣府令で定める便宜を供与することをいう」とされています。

これに基づき弊社では「子どもたちの圧倒的な笑顔を創る」を会社理念とし、一人ひとりの状態や課題に合わせたサポートを行っています。主なサービス内容は、次の三本柱になります。

一、将来日常生活や社会生活を円滑に営めるように、児童発達支援ガイドラインに示された5領域（健康・生活、運動・感覚、認知・行動、言語・コミュニケーション、人間関係・社会性）において、それぞれのお子さまの状態に応じて必要な支援を行う「発達支援（本人支援及び移行支援）」

二、ご家族が安心して子育てを行えるよう、様々な負担を軽減していくための物理的、また心理的な支援（面談・支援ニーズの確認・ペアレントトレーニング・相談や助言）を行う「家族支援」

三、地域の保育所・幼稚園、医療機関、保健所、児童相談所等の専門機関などの関係機関と連携し、個々のお子さまに対する課題を検討するなど、地域全体の課題として取り組み、お子さまが地域で適切なサポートを受けられるように支援する「地域支援」

電話相談から通所まで

児童発達支援エンジョイキッズでは、会社の理念を基に、『「できる!!」経験を

大切にし、自信につなげて達成感をもつ』ことを総合的なねらいとしています。

保護者さまやご本人さまと私たちの最初の出会いは、見学の日時を決めるための電話です。児童発達支援とはどんなところだろう…と、きっと不安に思って電話をかけていらっしゃると思います。まずは「お電話、ありがとうございます」という挨拶から始めることで、安心して話をしていただくようにしています。保護者さまも、『1歳半健診で言葉がゆっくりだと言われた』『落ち着きがない』『かんしゃくを起こす』など、行政機関等から伝えられたことや、今のお子さまの姿を不安そうな声で伝えてくれます。そんな気持ちにまずは寄り添っていくことで少しずつ不安を和らげて、見学の日時を決めさせていただきます。もちろん、場所も駐車場もわからない状態でしょうから、そこも丁寧な説明を心がけています。

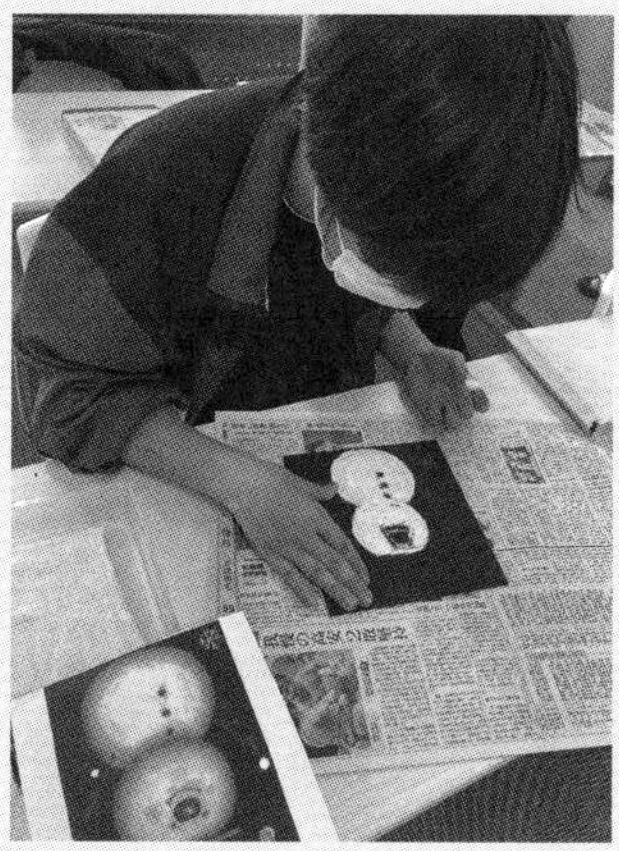

見学当日はさらに不安な気持ちでお越しいただくので、玄関先で対応するスタッフはもちろん、フロアにいるスタッフも『笑顔で挨拶』を一番にしています。保護者さまやお子さまが場所に少し慣れたと思われる頃に、少しずつ保護者さまと話を始めていきます。療育ってなんだろう、行政機関で発達検査を受けるように言われて療育をすすめられた、園から療育をすすめられた、子育てが大変だ…等、一人ひとり思いは違いますので、ゆっくり丁寧に聴いていくことで、保護者さまが本当は何を伝えたいのかをくみ取るようにしています。そしてほかのお子さまが楽しそうに遊ぶ姿を見て、エンジョイキッズに通ってもいいかな…と、通所を決断されます。

通所に至るまでには、相談支援事業所の相談支援専門員と、お子さまや保

護者さまの希望や夢を聞きながら計画を立てていきます。その後再度エンジョイキッズの管理者や児童発達支援管理責任者と、お子さまの様子や、どのような療育をしていくかなど成育歴やアセスメントを取らせていただきながら、契約へと進んでいきます。

利用が始まると、お子さまはいろいろな姿や表情を見せてくれます。一番大切にしていることは、お子さまの遊びから課題を考えていくことです。今は、どんな遊びが好きなのか、体や手先をどのように使っているのか、今の発達段階はどこにあるのか等をスタッフが見極めて、それぞれのお子さまに合った療育を進めていきます。保育所等訪問支援事業も並行して行います。保育所園と連携を取ってお子さまの支援方法を統一していくことで、より成長を促すことができます。

就学前及び就学後の支援

就学前になって、特別支援学校・特別支援学級・通常学級への進学で悩む保護者さまには、現状と今後予想されることを丁寧に伝え、お子さまが楽しく通学できるように一緒に考えるようにしています。就学前には小学校と引き継ぎ会議を行い、お子さまへの関わり方を伝えています。今

弊社では、小学生から高校生までを対象とした社会生活療育型・運動療育型・集団生活向上型・社会的認知訓練型等の放課後等デイサービスがあり、お子さまが今後どのような療育が必要かを保護者さまと一緒に考えながら利用を検討しています。ここでも引き継ぎ会議をしっかり行っていくことで、先にも述べたように、途切れない支援を会社全体で実現していけるように工夫しています。

【株式会社エンジョイ事業一覧】
放課後等デイサービス／児童発達支援事業所／児童発達支援・放課後等デイサービス／多機能事業所／就労継続支援B型／共同生活援助（グループホーム）／短期入所／相談支援事業所／通信制サポート校／フリースクール

第3章 乳幼児教育をめぐる社会の動きを知ろう

少子高齢化時代、保育施設のあり方を見直すとき

超高齢化・少子化の中でのこども家庭庁創設は一歩前進です。2022年には出生数が80万人を切り、人口減少に歯止めがかからず、都会と過疎地で状況は二極化しています。いまだ待機児童のやりくりをしている自治体と、定員割れで統廃合を考えなければならない地域があります。戦後の措置制度を基に、人口が増え続けることを前提とした保育制度のままで、この二極化に対応するのは難しいでしょう。出生数は50年後の2070年には約50万人になると考えられています

こども家庭庁創設を機に、少子化が続くことを念頭に置きながら、すべての子どもを支援の対象にすることを前提に、乳幼児期の施設のあり方とその制度構築を再検討しなければなりません。

また、文部科学省を中心としたインクルーシブ教育も、国連の勧告に照らし合わせると過渡期にきています。これまで、乳幼児期の子どものための施設は、文部科学省（幼稚園）と厚生労働省（保育所）、そして内閣府（幼保連携型認定こども園）の3府省に管轄が分かれていました。こども家庭庁創設に伴い、保育所とこども園はこども家庭庁、幼稚園は文科省の管轄となりました。依然として管轄が分かれていますが、就学に関することは義務教育として文科省対応になるのですから、文科省の就学や障害児対応に関する考え方を理解しておく必要があります。

保育の基本は一体的な「こども支援」

今後の課題を解決するための前提は、障害児も含め「こども支援」を一体的に行うことだと思います。乳幼児期のインクルーシブ＝包摂体験を当然とし、多様さを平素のものにしていくことが大切です。現行の要領・指針を一本化し、幼稚園・こども園にはあって保育所等には定めがない教育課程も全施設共通にすべきです。架け橋プログラムは、障害児も含め、すべての子どもたちの小学校接続を円滑に進め

るものにすべきです。

「すべての子ども」といったときに、まずもって医療や保健体制が重要であり、たとえ無医村であっても地域全体でカバーしながら適切に対応できる仕組みが欠かせません。

妊娠期の支援を手厚くすることは必須です。さらに、出生後、どこにいてもすべての子どもが保育施設に通える仕組みにすべきです。その場合も、前述したように過疎地と都会では状況が違います。過疎地であれば子どもの数も少なく施設にも空きがあるので、現行制度でも対応可能かもしれません。新たに保護者の就労等を条件としない「4号認定(仮称)」を制度化して適正な給付を行うことで現行の公定価格制度で対応できます。一方、都会では施設に空きがなければ対応できません。それらを代行する仕組みも必要になるでしょう。

それは、虐待予防、保護者の負担軽減などのためだけではありません。乳幼児教育の観点から、親を親として育てるための情報提供やプログラムも是非とも必要です。こども家庭庁では未就園児の定期預かりに新たな給付を検討しています。

２０１７年、厚労省は「障害児保育に関する調査研究報告書」をふまえ、事務連絡として「保育所等における障害のある子どもに対する支援施策について」を出しました。そこでは療育支援加算、障害児保育加算、保育士等キャリアアップ研修、職務分野別リーダー及び専門リーダーの処遇改善、保育環境改善等事業、保育所等訪問支援、地域生活支援事業（巡回支援専門員整備・発達障害者支援体制整備事業〈ペアレントプログラム・ペアレントトレーニングの導入〉）といった支援策を通知しています。そのとき、一筋の光が見えたような気がしました。まだまだ困っている保護者も保育者もいます。そして困っている子がいます。すべての子どもたちに支援の手が届くよう、障害児支援の財源確保と新たな給付を望みます。

こどもまんなか社会

2023年は「こどもまんなか元年」です。こども家庭庁ホームページには子どもたちに向けて次のように書かれています。

こども家庭庁《かていちょう》は、
こどもがまんなかの社会《しゃかい》を実現《じつげん》するために
こどもの視点《してん》に立《た》って意見《いけん》を聴《き》き、
こどもにとっていちばんの利益《りえき》を考《かんが》え、
こどもと家庭《かてい》の、福祉《ふくし》や健康《けんこう》の向上《こうじょう》を支援《しえん》し、
こどもの権利《けんり》を守《まも》るための
こども政策《せいさく》に強力《きょうりょく》な
リーダーシップをもって取《と》り組《く》みます。

誰もが取り残されないよう、時代と次代を担える子育ちの仕組みを示すときがきています。子どもの意見を聴くとは、子どもが見て感じたことを大切にするということです。

また、この章では虐待や貧困などについて言及していませんが、障害同様に全力で解決してもらいたいと強く願っています。

保育の〝いま〟を知る7つのキーワード

01
保育界の〝いま〟を知るための7つのキーワード

すべての子どものウェルビーイングを保障する

ポスト待機児童対策

少子化が進む中で保育界を眺めてみると、保育所と幼稚園機能を併せもつ認定こども園が1万か所に近付き、幼稚園の数を超えつつあります。いまだに「保育を必要とする」という条件付きの3歳未満児も、1・2歳児の就園率が5割を超え、家庭にいる子どもの割合の方が少なくなりました(0～2歳全体の就園率は約4割)。

国は、保護者の就労条件にかかわらず、園に通っていない子どもを誰でも受け入れる仕組みの導入を検討しています。すべての子どもが「保育を必要とする」要件の対象となるという考え方です。待機児童対策は一定の成果を収め全国で3千人を切り、全国の定員数に比して入園数は90%を下回りました。大都市も含めて定員割れが起こる地域があり、統廃合や廃園もあります。保育所に定員の120%が入っていた時代は過去となり、今は地方ではほとんどありません。

このように実際には地域の子どもが少なくなったにもかかわらず園運営ができているのは、前述したように保育コストの高い未満児が近年多めに入園したことによります。しかし、新型コロナウイルス感染症蔓延が一因でもある出生数の低下と育児休業の延長等により、0歳児の入園数は確実に減少しています。2024年度末で終わる待機児童対策を中心とした新子育て安心プランは、大きな転換期を迎えることになります。

こども誰でも通園制度

２０２３年４月７日開催の「こども未来戦略会議」資料・「こども・子育て政策の強化について（試案）」では、「全ての子育て家庭を対象とした保育の拡充～『こども誰でも通園制度（仮称）』の創設～」説明でこう書かれています。「０－２歳児の約６割を占める未就園児を含め、子育て世帯の多くが『孤立した育児』の中で不安や悩みを抱えており、支援の強化を求める意見があることから、全てのこどもの育ちを応援し、全ての子育て家庭への支援を強化するため、現行の幼児教育・保育給付に加え、就労要件を問わず時間単位等で柔軟に利用できる新たな通園給付の創設を検討する。当面は、未就園児のモデル事業の拡充を行いつつ、基盤整備を進める。あわせて病児保育の充実を図る。」

この仕組みを単に一時保育の拡充と考えるのは適当ではありません。現在の１号から３号認定に加え、４号認定（仮称）を創設し、実施する園には適正な給付を行い、保護者の就労状況にかかわらず０歳児から乳幼児期の施設に定期的に通園できる方式とすべきです。重要な点は、教育の観点から生まれたときからの支援を導入するという考え方にあると思います。すべての子どものウェルビーイングを保障する時代に向けて、この仕組みを第一歩としなければなりません。

なお、新型コロナウイルス感染症蔓延において厳しくなった病児の保育を拡大し手厚くするとともに、家庭への支援をどうするかも今後の大きな課題です。この仕組みとともに、当然ながらネウボラなどの家庭・地域を巻き込んだ子育て支援についても考えていくべきです。

02

インクルーシブ保育の実現に向けて

インクルーシブ保育実践のための職員配置と処遇改善

包摂社会を目指している現在、小学校以降のインクルーシブ教育を考えてみても、その前段階が非常に大切です。非認知的能力が醸成されるもっとも重要な時期である保育の現場において、真のインクルーシブ保育を実践し充実させていくべきです。頭で理解する前の段階、小さいときからの体験を通して、「違いを超える」「違いを認める」経験をすることへの配慮が必要でしょう。そのためには、どの保育施設でもインクルーシブ保育に取り組むことを前提とした体制が必要です。複数担任制の導入など、保育士の配置の改善や、当然ながら療育支援拡充も必須です。

さらに、5歳児における小学校との接続を考慮した職員配置も必要です。職員も幼稚園教諭、保育士資格者だけというのではなく、多様な職種・資格をもつ人が保育者として働ける環境も必要でしょう。現行の制度では認定こども園だけの呼称となっている保育教諭をすべての保育施設の資格とし、小学校教諭と同等の待遇を目指して処遇改善を進めていただきたいと思います。それだけ専門性が求められているということです。

戦後の措置制度の基準を改善し、すべての子どものウェルビーイングと教育の実現を考えるべきです。最低基準という考えをやめ、専門性に見合った人件費とし、これを適正基準とした公定価格の積み上げを考えるのが現代の子ども施策の前提になるのではないでしょうか。

03

保育界の"いま"を知るための7つのキーワード

保育士配置基準の見直し、過大な現場負担の軽減

保育士の働き方改革を

保育士不足が生じている現在の問題は処遇と働き方にあります。働き手の方々は労働の対価である賃金とともに働き方も重視してきています。保育においても世の中の働き方に即した仕組みにすべきです。最初の段階として、現行の公定価格の水準で開園時間55時間、保育士労働を週5日制(土日休みの週休2日制)にすべきです。結論として子どもの保育の基本時間を5日間にします。現行は土曜日を含む6日間ですが、土曜日を休日保育扱いとするかを含めて十分な論議が必要です。

過酷なイメージが付きまとうことによる保育士不足問題を考えると、保育そのものにある程度余裕がなければ、保育がギスギスしてしまいます。不適切な保育が世間を騒がせたこともあり、定数改善が行われそうですが、ノンコンタクトタイム(保育者が子どもから離れて書類整理や活動準備を行える時間)の導入や3歳以上児の午睡時の対応問題、キャリアアップなど、研修も含めた働く人を支えるための改革も必要とされています。働き手(保育者)に対しての処遇改善を、賃金的なことだけでなく時間的にも考えるべきではないでしょうか。

くり返しになりますが、配置基準の見直しでは、障害児やグレーゾーンの子どものことも考慮されるべきです。複数担当制や保育補助員などの療育支援のあり方の検討も必要です。

04

今後の人口構造の急激な変化

人口減少に適した仕組みの導入を

２０３０年以降を考えたときに、出生数はさらに25％近く減少するといわれています。一部の地域では子どもは半減し、定員割れや施設過剰が現実化してきます。現行制度のままでは、公立ばかりか社会福祉法人でも統合や園廃止が避けられません。また、過疎地では民間委託した施設を公立に返還するということも考えられます。

現行の仕組みのままだと、30人定員で入園者数が30人を切れば66時間開園は相当難しくなります。運営費は入園者数に対応するので、自治体の補助があっても、66時間を回すための保育者確保が資金的に無理になります。入園者数が減っても、必要な保育者数の賃金を別途確保する定員定額制度等、新たな公定価格の検討が必要です。

また、公定価格算出の基準となる国の地域区分における単価と加算率は、東京都など大都市は高く設定され、地方は低くなっています。大転換を考えるのであれば、これを逆転させるくらいのことを強く提言したいと思います。過疎地加算を充実させるのが、公定価格における当面の対応だと思いますが、少子化が進むのは当然なので都市部と地方の格差を埋めるための検討が必要だと思います。

人口減少のひとつの対策として施設の多機能化も取り上げられています。多機能化は興味深い取り組みですが、改修費支援などの一過性のものではなく、継続的な加算（支援する仕組み）が必要ではないでしょうか。子どもや保護者の「最善の利益」が過疎化によって阻まれることのないように、公定価格のあり方や自治体の関わりを望みたいものです。

05

保育界の〝いま〟を知るための7つのキーワード

要領・指針の一本化

真のナショナルカリキュラムの制定を

これまでの縦割り行政によるもっとも非効率的な例として、保育施設を3つの府省で管轄してきたことがあげられます。その結果、それぞれの施設は別々の基準に従って運営されています。幼保連携型認定こども園等（内閣府）→「幼保連携型認定こども園教育・保育要領」、保育所（厚生労働省）→「保育所保育指針」、幼稚園（文部科学省）→「幼稚園教育要領」の3つが大臣告知されています。認定こども園と保育所はこども家庭庁（内閣府）管轄に統合されましたが、幼稚園は小学校などとのつながりを重視して、引き続き文科省の管轄になりました。

要領・指針の一本化は当然です。要領・指針の一本化つまり真のナショナルカリキュラムの制定を強く望みます。次の改定に向けて一本化していく必要があります。

2023年度中にこども基本法の下に「こども大綱」や「幼児期までのこどもの育ちに係る基本的なヴィジョン（仮称）」が制定されます。その後2026年に向けて要領・指針等の検討が始まると思いますが、議論の焦点は一本化であるべきです。それは次のような理由によります。

一、「幼児期までのこどもの育ちに係る基本的なヴィジョン（仮称）」ができたとしても、別途、教育を含んだ乳幼児期のナショナルカリキュラムが必要です。現行ではあくまでも各学校・施設ごとのものであって乳幼児期の園児のためのカリキュラムにはなっていません。

こども家庭庁と文科省の仕事の分担を考えると、文科省の幼児教育課が中心となり、日本初のナショナルカリキュラムを作成すべきです。そしてそれらは学校や施設の種類にかかわらず、すべてを対象として行うべきものであると考えます。その下に施設の特性を考えた解説書等を置けばよいと思います。

内容については、こども基本法などの上位法でうたわれるこどもの人権、こどもの意見の尊重を入れていく必要があります。同時に、現在の要領・指針に示されている、環境を通した保育、養護を前提として体験を重視する保育など、引き継ぐべきものを引き継げばよいのではないでしょうか。

一方、デジタル空間も、これからの子どもたちを取り巻く環境・世界に入れていくことが必要です。今後ＩＣＴ教育も含めて、子どもたちが出会う他者というのはリアル空間だけにとどまらないということも考慮する必要があります。自民党で「医療DX（デジタルトランスフォーメーション）令和ビジョン２０３０」の実現に向けて話し合いが行われていますが、保育DXの時代もそう遠くはないと思います。今後必要なアイテムとして保育にどう導入していくか前向きに考え、未来への対応を楽しく進めていきたいと思います。

二、保育所における3歳以上児への対応は一考を要します。幼稚園やこども園にある教育課程の定めが現行の保育所保育指針にはありません。ここをどう解釈して整合性を図るか、考えるときがきています。最低でも5歳児については保育所でも教育課程を置ける仕組みにしたいものです。

三、ナショナルカリキュラム制定時には、児童発達支援事業所においても内容を共有することを必須にすべきです。現状は保育施設と児童発達支援事業所の相互理解が十分ではありません。

定型の子どもの発達を共有すること、そして保育施設の姿をそこから読み取ることで相互の理解を深めることができます。こども園や保育所と児童発達支援事業所は似ているようで、遠い存在にあります。本来、サービス提供者である保育施設と事業所がもっとお互いを理解し、協力してこそ真のインクルーシブ保育といえます。

私は自園で新入園児の保護者に対して「認定こども園教育・保育要領」を4月の時点で配布しています。こども基本法などもすべての子どもに読んでもらいたいと思っています。要領・指針を通して子どもを理解し、よき相互関係の架け橋になればと思います。そのために誰でも理解できるナショナルカリキュラムとしての一本化が必要なのです。

06

保育界の〝いま〟を知るための7つのキーワード

こども家庭庁への期待

こども家庭庁の発足

前頁で述べたように、保育の世界は、管轄が3府省に分かれ、施設ごとに制度、保育・教育の内容も異なります。こども家庭庁設立によりこうした複雑さが解消され、縦割りの弊害是正が目指されるものと期待しています。完全な一元化にはならずとも、保育所と認定こども園等はこども家庭庁、幼稚園は文部科学省の管轄なので、こども政策の調整は、こども家庭庁と文科省が連携・協議をしていくとされています。

これらの経緯を経て「こども家庭庁」は、２０２３年4月1日に発足しました。国のこども政策の司令塔となる新たな行政機関です。総理大臣直属の機関として内閣府の外局に位置付けられ、こども政策担当の内閣府特命担当大臣と、こども家庭庁長官がかじ取りを担っていくことになりました。

体制と組織・基本方針と役割・保育現場への新たな施策

厚生労働省「子ども家庭局」や内閣府「子ども・子育て本部」からの異動も含めて、総勢４３０人規模の職員配置がなされています。庁内には、大きく分けて3つの部門が設置されており、連携して子どもや家庭に関わる課題に取り組みます。

・長官官房／こどもの視点、子育て当事者の視点に立った政策の企画立案・総合調整
・成育局／妊娠・出産の支援、母子保健、「就学前の全てのこどもの育ちの保障」の策定など
・支援局／こどもの貧困対策、ひとり親家庭の支援、障害児支援、いじめ防止など

スローガンは「こどもまんなか」。「常にこどもの最善の利益を第一に考え、こどもに関する取組・政策を我が国社会の真ん中に据えて（「こどもまんなか社会」）、こどもの視点で、こどもを取り巻くあらゆる環境を視野に入れ、こどもの権利を保障し、こどもを誰一人取り残さず、健やかな成長を社会全体で後押し。」という、子ども政策に関する基本方針を反映した言葉になっています。

新たに実際の保育現場に示されている施策二点は、これまでに紹介してきました。

一、保育士配置基準の見直しと処遇改善。
二、「こども誰でも通園制度（仮称）」の創設。病（後）児保育の拡充などもあげられている。

こども家庭庁への期待

21世紀後半に向けた日本再生の中心に「こどもまんなか」を掲げ、船出した「こども家庭庁」。包摂社会の実現、真のインクルーシブ保育、そして妊娠期からの充実した支援など、法律の整備から施策の充実まで、大きく期待しています。一方、財源問題など難問題もあります。

政府は「『こども未来戦略方針』〜次元の異なる少子化対策の実現のための『こども未来戦略』の策定に向けて〜」を2023年6月に発表しました。若い世代の所得を増やすとともに、社会全体の構造・意識を変え、すべてのこども・子育て世帯を切れ目なく支援するとしています。さらに、2030年代に入るまでの6〜7年が少子化傾向を反転できるかどうかのラストチャンスであり、少子化対策は待ったなしの瀬戸際にあるとして、今後3年間の集中取組期間においてできる限り前倒しにする、としています。

現行の文科省に残った幼児教育部分は早期にこども家庭庁に統合し、将来的には「こども省」が単独で活躍できることを望みます。都道府県、市区町村、地域、家庭、保護者、企業、病院、保育者など、あらゆるジャンルの人々の叡智を集め、団結して次代を担う子どもたちのために課題を解決して進んでもらいたいと強く願っています。

07

保育界の〝いま〟を知るための7つのキーワード

こども基本法の成立

子どもの権利を守ることが子どもの活躍できる社会をつくる

1989年、国連総会で「子どもの権利条約」が採択され、日本は1994年に批准しました。生命、生存及び発達に対する権利、子どもの意見の尊重など、先進国として大変重要な位置付けにある条約です。この30年間、国連は日本の「子どもの権利保護」に対して改善を求め続けてきました。条約批准から30年近く経ち、こども家庭庁の創設とともにようやく「こども基本法」が成立しました。

第1条の目的では、権利の擁護と将来にわたって幸福な生活ができる社会の実現をうたい、こども施策を総合的に推進するとしています。

第2条の定義では、「こども施策」として、「こどもの健やかな成長に対する支援」「就労、結婚、妊娠、出産、育児等の各段階に応じて行われる支援」「こどもの養育環境の整備」が書かれています。

第3条の基本理念では、6つの原則が述べられています。①基本的人権の保障・差別撤廃、②適切な養育と教育、③こどもによる意見表明の機会の確保、④その意見の尊重と最善の利益の優先、⑤養育環境の確保、⑥家庭や子育てに喜びを感じられる社会、です。

こども基本法の特徴として、子どもの権利の保障だけではなく、それ以上に子どもが権利の主体であることが強くうたわれています。

自治体は「こども計画」の策定を

２０２３年中に策定される「こども大綱」とともに、都道府県や市町村にも「こども計画」の策定が努力義務として課されています。また「幼児期までのこどもの育ちに係る基本的なヴィジョン（仮称）」などが法整備される予定です。日本もようやくスタート位置に着いたといえます。「こども計画」は努力義務ではなく義務化が望ましいと思います。地域に合った子ども施策、そして子どもや保護者を中心に行政、議会、施設関係者等を含めての「こどもをまんなかにした」地域創生を実現してほしいと強く願っています。

第4章
保育施設が子育てのハブになる

縮小しながら豊かな国になるために

国は包摂社会の実現として「新しい資本主義」を支える基盤となるのは、「老若男女、障害のある方もない方も、全ての人が生きがいを感じられる多様性のある社会」であるとしています。「全世代型社会保障の構築を進め、少子化対策、子育て・こども世代への支援を強化するとともに、女性活躍、孤独・孤立対策など」に取り組むとしています。

今後の数十年、日本は縮小していくことへの覚悟とともに、多様な文化（考えや生き方）を取り入れ、豊かな国になっていく作戦を遂行する必要があります。それは今の仕組みを踏襲することではないでしょう。政治などへの女性の登用は当然ですし、子どもにやさしい社会をつくるのも当然です。そして、その社会の中で、たとえ人口減少地域でも社会インフラを維持し、様々な社会資源と連携して地域社会を支えていくこと、やはりそこが豊かさの基本になるでしょう。多様性の受容ではなく、多様性を平素にする、多様性こそが日常そのものになることです。そして今まさにそのスタートに立っています。

個人の幸福感やウェルビーイングを求めるにあたり、どんな国になってもらいたいでしょうか。どうしたら精神的にも経済的にも豊かな国を維持できるでしょうか。障害児や外国籍児にも対応した乳幼児教育ができるのでしょうか。今後の課題です。

フランスの家族政策を支える財源

フランスの全国家族手当金庫も参考になります。子育て支援に必要な費用を企業や個人が共同で負担する家族政策の仕組みで、事業主が負担する賃金の5・4%に相当する社会保障拠出金とほぼすべての個人所得を課税対象とした一般社会拠出金（全国家族手当金庫分1・1%）により、財源の大部分が賄われています。少しデータが古くなりますが2006年では総額が83億7900万ユーロ、うち保育施設運営などの社会的事業に20億4000万ユーロ、賃金補助や保育費用補助などの法定給付に63億7500

万ユーロを支出しています。ちなみに2006年のフランスの合計特殊出生率は2・0でした。こども家庭庁の財源を考えるときに、出生率回復の要因として参考にしたい施策です。

バイオ・サイコ・ソーシャルモデルの考え方

もうひとつ押さえておきたい考え方が、生物・心理・社会（Bio-Psycho-Social：BPS）モデルです。これは、精神科医のエンゲルによって提唱された理念です。人間は生物的側面と心理的側面と社会的側面が相互に影響して成り立っているとの考えに基づき、疾病や不適応などの問題も、これら3つの側面の相互作用としてとらえます。そのため、対象者の問題をアセスメントし介入するにあたっては、ひとつの側面だけでなく、生物・心理・社会それぞれの側面から総合的に判断することが求められます。バイオ・サイコ・ソーシャルモデルの考えを中心とした社会の中で、乳幼児の保育や発達支援を進めることは理にかなっていると思います。

アメリカの障害者教育法

ここでアメリカの特別支援教育を紹介します。

アメリカの特別支援教育を規定する「障害のある個人教育法」は、1975年に制定された「障害のあるすべての子どもの教育法」がベースになっています。連邦が州の特別支援教育を財政的に支援し、障害のあるすべての子どもに適切な公教育を無償で提供することを目的としています。

また、対象の子どもに個別教育計画を策定すること、子どもの状態に応じてもっとも制限の少ない環境を整え、できる限り普通クラスで教育を行うことを定めています。これは、公立または私立学校、普通または特殊学級を問いません。通常のプログラムでは適切な教育を十分に提供できないときにだけ、障害児を独立した教室に入れることを認めています。このように障害のある子どもたちができるだけ普通教育を受けられるように法律で守られています。

保育施設が
子育てネットワークのハブになる

こうしたことから、「保育施設が地域の子育てネットワークのハブ」になるためには、施設としては、まずは安全であること、そして乳幼児期の教育を適切に進めることは前提です。ですが、それだけでは次代の地域社会のハブとして十分ではないでしょう。どう行政や企業と向き合い連携していくのか、そして社会福祉連携推進法人も含め、どのような仕組みをつくっていくべきなのか、この章で提言していきたいと思います。

行政を超えてつながる2つのプラグ

01

障害児に関する現行制度の早急な改善を

インクルーシブ保育と障害児支援施策の統合・財政面の改善・職員研修

最初に取り組みたいのは、インクルーシブ保育と障害児の支援施策の統合です。これはこども家庭庁が手がけることで可能になる案件だと思います。もうひとつは財政面です。園収入の要となる公定価格や事業所側の加算について早急に検討し、改善することが必要です。また、多様なニーズを受け入れる上で、求められるスキルや専門知識が異なることから、職員への研修などのあり方についても同様の検討が必要です。

一例として「児童発達支援事業所等の通所前一時療育制度」の創設を提案します。事業所への訪問は意外にハードルが高いため、お試し期間としての一時療育を事業所側の制度として設けるのです。さらに、保育施設と事業所を相互に訪問して行う打ち合わせも充実させるとよいでしょう。児童発達支援センターを中心に保育所等訪問支援事業がある一方で、保育施設の保育者が事業所を訪問することは想定されていません。療育支援加算にこれを加えることで、双方の連携を強化することができます。園側にはさらに各事業をつなぐ役割が求められます。

要領・指針とガイドラインの整合性・保育と療育への理解

次に、保育施設の要領・指針と事業所のガイドラインに対して、そこに含まれる整合性を認識し、お互いの保育・療育への理解を深める必要があります。互いの教育や支援について勉強をしなければ接続や連携になりません。

架け橋プログラムでの障害児対応

続いて、現在進められている架け橋プログラムについて提言します。就学時の一番の問題は、障害児やグレーゾーンの子どもへの対応であることは間違いありません。ぜひとも「架け橋プログラムにおける障害児対応」を作成していただきたいと思います。ここは文部科学省の案件です。文科省では現時点では障害のある幼児について明示的に触れていませんが、障害のある幼児のために架け橋期の教育を充実させることが重要です。カリキュラム編成、個別の指導計画や教育支援計画の作成・活用、指導要録等による小学校への引き継ぎの実施などです。これを明文化することが、子どもたちの将来への道筋をきちんと考えるための一歩になります。

社会福祉連携推進法人の活用・3歳児の発達検査モデル事業

新たに制度化された社会福祉連携推進法人の効果的な使い方を模索したいと思います。社会福祉連携推進法人は、多種多様な法人の連携ができるようになっています。障害児のための新たな支援の仕組み、たとえば児童発達支援事業を展開する法人と保育施設が連携することも可能です。それぞれの専門性をいかしたオンラインでの相談や、広域での育児支援に加算があってもよいでしょう。

3歳児健診における発達検査導入も必要です。3歳児健診は、子どもの障害や疾病を早期に発見し、進行を未然に防止したり、適切な治療を開始したりすることが目的です。あくまでも見落としを防ぐために、たとえば「3歳児検診発達検査モデル事業(仮称)」を進めてはどうでしょうか。

今までインクルーシブ教育・保育、そして障害児支援施策がそれぞれ縦割りで行われてきたことを、こども家庭庁の創立をきっかけに、各省庁がすり合わせをし統合していくことに未来があると思います。

02

行政を超えてつながる2つのプラグ

乳幼児教育の未来を拓くチャイルドネットワークの構築

保育の質の確保と障害児支援財源のあり方

認定こども園・保育所などの保育施設と児童発達支援事業所の近未来についての考えです。

育児休業への手厚い保障がされるのならば、それを支える保育施設の充実も当然必要です。受け皿である施設が質を担保して運営できる仕組み(財源を含む)をつくらなければ、すべてが成り立ちません。

同じく、障害児関係で検討すべきものの一番は、障害児に対する給付が一般財源であること。そこは変更できないのであれば、何らかの新たな給付を考えるべきです。一般財源は地方自治体の独自裁量で運用できるため、必ずしも効果的に活用されない場合もあり、自治体によって障害児支援に大きな差が生じています。

多様な社会的資源のネットワークづくり

若い世代のアクセスのしやすさやこれまでの災害時対応などの点から見ても、保育施設が、子育てネットワークの新しいハブとなるのが近未来の望ましい姿ではないでしょうか。たとえば第2章の加藤先生の武蔵野東学園は小学校以降から就労までを切れ目なくつなぐ場を用意しています。同じことはできないとしても学ばなければなりません。同章で紹介した熊本の矢野先生の障害児に対する知識、そして指導力は特筆されるべきものです。

さらに、チャイルドネットワークとして検討すべきことは、様々なボランティア・NPO、チャイルドビジネス、一般企業とのプラグインです。プラグインとは、差し込む、差込口などの意味をもつ英単語です。ＩＴの分野では、外部のプログラムを追加することで機能を拡張することなどを指します。

岩田氏の「エンジョイ」は、私たち園から見れば、まさしくプラグインに値する事業です。「エンジョイ」の理念である「圧倒的な笑顔を創る」は、子ども支援だけではなく、家庭や地域との連携や接続においても共通する考え方です。乳幼児期、小・中・高、大学一般、そして医療ケアの必要な子に対しての、すべての「困った」に対応できる施設やサービスを用意しています。とくに現状足りていない中・高校生への支援や、保育施設や学校だけではカバーしきれない生活全般を支援することで、保護者の長期にわたる安心と安全を保障しています。「エンジョイ」のような企業と連携をもち、子どもの教育内容を理解し、一緒に子育てをするのは望ましい未来です。

社会と地域と家庭に開かれた施設に

各地の保育施設は、地域に開かれたあり方を考えましょう。都会ではネウボラ的施設、地方では保育施設が、生まれる前からの少しおせっかいでやさしいコミュニケーションの場であればと思います。いつでも駆け込める場としての〝かかりつけ園〟が必要な時代です。とくにこども園には子育て支援が事業として義務付けられています。こうした事業の必要性について、社会と地域と家庭に、園長先生たちから積極的に発信してもらいたいのです。

保育者としての役割や課題は何なのか、模索すべきときです。保育者が障害についてもっと理解するために、地域と保護者をつなぐ力を発揮できるように、自治体による必要な情報の開示や障害児に対する手厚い施策、穏当で的確な指導も必要です。そういう連携ができれば、これからの共生社会の中で、保育施設を中心とした子どものためのハブをつくることができます。子育て支援も、障害児の発達支援も、未来をつくるひとつのチャンスです。「障害児の前に子ども」なのです。そして子どもを育てることは、つまり、未来を育てることなのですから。

おわりに

2023年4月「こども家庭庁」が創設されました。新型コロナウイルス蔓延という厳しい局面の中でも保育所と認定こども園の一部は原則開所を貫き、社会インフラとして国民の負託にこたえてきました。その間、様々な「こどもに係る施策」が進んでいます。こども基本法の制定、架け橋プログラム作成など、法制度から教育分野における小学校との接続まで整備されてきています。出産育児一時金の増額など現金給付の支援も増えました。これは、前例のない「少子化」によって起こる様々な社会的・経済的な問題への対応が、今まさに待ったなしの状況だということです。こうした問題を解決していくためには、互いの価値観を認め、誰も排除されない包摂社会の実現を進めるしかありません。日本は数十年すると、間違いなく現在とは違う国になります。戦後から続いてきた今までの概念はまったく通用しないでしょう。だからこそ、すべての人が希望をもてる国をつくり上げていきたいと強く思います。

時代の要請に対しての保育施設の道のりは今までも決して平坦ではありませんでした。「こども誰でも通園制度」が始まれば、乳幼児期の教育・保育も大きな転換期を迎えます。これは「保育を必要とする」ことが普遍的であり、すべての子どもに門戸を開くことが、戦後からの条件付きの支援策と仕組みに終止符を打つことにつながります。発想を転換して、誰も取りこぼさない新たな仕組みと財源をつくり上げていかなくてはなりません。

私は、21世紀後半の姿をいつも考えています。それはもう自分自身はいない世界ですが、しかし、たくさんの私の知っている人は生きています。今は未来につながっています。だからこそ、今の子どもの不利益を是正し、子どもにとっての最善の利益を保障できる、明るい未来を創造したいと思います。「こどもまんなか」をテーマに、日本は子どもの声を聴こうとしています。赤ちゃんが生まれてくることが何よりも幸せであり、その子が幸せに育つことがもっとも大切だと思える国になる。妊娠期から貧困や虐待の予防がなされ、障害のある子、外国籍の子らがどこでも普通に暮らせるようになる。小さいときから子ども自身が学ぶという、興味関心を重視した質の高い教育が展開されていく。そういうことの実現に向けて力を尽くしたいと思います。

この書が保護者やご家族、保育者そして保育施設にとって少しでも参考になることを願います。今まさに困っている子が、親がいて、園があるならば、問題解決に果敢に取り組みたい。すべての保育者や園長先生、そして児童発達支援事業の関係の方々も、きっと同じ気持ちで支援したいと思っていることを、保護者も地域の人も忘れないでいただきたいと思います。

子どもは未来であり、未来人そのものです。人生１００年時代の今、生まれた子は22世紀初頭に普通に生きているのです。多くの皆さんに、そして自分に、大きな声で呼びかけたい。

「時代の先に　子どもらが　あなたたちを　待っている」と。

装丁・レイアウト　川村哲司（atmosphere ltd.）
カバー・中面イラスト　山村真代
校正　株式会社 円水社
DTP制作　株式会社 明昌堂
編集協力　百瀬浜路
企画・編集　佐藤信之

保育者・園長先生・
保護者のための

「発達支援」基本のき

発行日　2023年8月15日　初版第1刷発行
　　　　2023年9月30日　第2刷発行

著　者　坂﨑隆浩
発行人　大村 牧
発　行　株式会社 世界文化ワンダーグループ
発行・発売　株式会社 世界文化社
〒102-8192
東京都千代田区九段北4-2-29
電話03-3262-5474（編集部）
電話03-3262-5115（販売部）
印刷・製本　中央精版印刷 株式会社

ISBN 978-4-418-23714-2

本書発刊にあたり、幼児教育全般は和洋女子大学・矢藤誠慈郎氏、神戸大学・北野幸子氏、愛着関係は京都大学・明和政子氏、胎児や乳幼児の発達は尚絅《しょうけい》大学・矢野潔子氏、保育制度は日本保育協会・川鍋慎一氏、同・高橋英治氏、また、こども家庭庁、文部科学省、厚生労働省の方々にご指導賜りました。また、第2章の加藤、矢野、椛沢、岩田、志村の各氏には大変お世話になりました。障害支援に係る多くの方々にもご協力いただきました。最後にフリーライターの百瀬浜路氏、世界文化ワンダーグループの佐藤信之氏のお二人に多大なるご支援を賜りました。誠にありがとうございます。

著者 坂﨑隆浩 さかざき たかひろ

神奈川県生まれ。青森県在住。大学教授を経て社会福祉法人 清隆厚生会（青森県）理事長。複数の保育施設を運営し、厚生労働省、文部科学省、農林水産省、内閣府の諮問委員を数多く経験。保育実務と保育の制度・政策の両面に明るい乳幼児教育界の二刀流。とくに「要領・指針」や発達支援（インクルーシブ保育）の第一人者。現在、子ども家庭庁こども家庭審議会臨時委員（幼児期までのこどもの育ち部会）、保育三団体コア会議メンバー、日本保育協会青森県支部長（全国理事）、保育総合研究会会長。また、音楽家としても活動。青森県合唱連盟副理事長等を兼任する。著書に『少子化時代の保育と教育』（世界文化社）など。ラジオ番組『坂﨑隆浩の保育Stand by you』でナビゲーターを務める。　https://pchann.jimdofree.com/